典藏高雄

1924 — 高雄市 — 2024

百年物語

百年好市　高雄市立歷史博物館　KAOHSIUNG MUSEUM OF HISTORY

館長序
以物敘事、以物話史的高雄百年光影

高雄昔稱打狗，其歷史可追溯至17世紀的荷蘭時代。但是，高雄作為一座現代城市，其歷史卻是緣起於20世紀初的鐵路建設，以及隨之而來的築港、造市和產業引介，從而牽引出不同階段的城市發展。

1900年11月29日，縱貫鐵路台南─打狗段正式通車，鐵路效益啟動港市發展的蝴蝶效應，1907年濱線啟用、1908年築港造市，打狗港快速逆勢超越安平港成為南臺灣第一大港，同時展開高雄發展的歷史新頁。

歷經十多年的發展，1920年臺灣總督府將「打狗」更名為「高雄」並設高雄州，「高雄」一詞正式成為管轄今日高屏地區和澎湖地區的地方政府名稱。1924年12月25日實施「高雄市制」，高雄市役所（即高雄市政府）成立，標誌著以濱線港街（今哈瑪星）為核心的地方政府，具備了獨立財務和擘劃願景的現代城市政府之條件。港都高雄市，具有劃時代的意義。1930年代，伴隨港埠擴建、重化工業引進，工商業快速帶動新興高雄的繁榮與發展，城市人口和規模逐漸超越臺南市，成為臺灣第二大城市。

二次世界大戰結束後，港埠與交通建設持續擴大，高雄港成為全臺第一大港；工業在日人所打下的化工和煉油兩項基礎上，在美援支持下，在1960年代末，高雄市發展出與世界同步的石油化學工業，結合加工出口區的建置，帶動臺灣以出口導向的經濟奇蹟。港都、工業城加速高雄城市發展，不僅讓高雄市於1979年升格為直轄市，並在2010年完成縣市合併，成為南臺灣首要都會區。近年，產業持續轉型、結合環境改善，高雄與國際接軌，成為世界宜居城市之一。

為了回顧高雄歷史上的重要轉折，2020年高雄市立歷史博物館（簡稱：高史博）曾舉辦論壇和相關活動，紀念「打狗」變「高雄」的一百週年。今年（2024年）適逢高雄設市一百年的日子，高史博也沒有缺席；自8月起至12月每月舉行專題講座、論壇，11月舉行設市百年特展「誰把高雄變大了？」，12月更出版四本紀念專書，這本《典藏高雄：高雄市百年物語》就是其中一本。

高史博是臺灣首座由地方政府成立的歷史博物館，自1998年以來，以「城

市博物館」作爲營運願景。歷經20多年的發展，除本館之外，另轄八館舍，採大館帶小館方式，以「高雄學」爲核心理念，積極在地文史扎根，不斷提升專業能力，致力推動社會參與及資源整合協作。在眾多任務中，「文物典藏」是高史博致力於保存、守護高雄城市記憶的重要策略。目前，高史博收藏了紙質文物、影像、照片及實體文物等約3.5萬件藏品，含括了從早期聚落到現代都市的文史物件。這些文物蘊藏著不同歷史時期的文化現象，例如：老照片紀錄了已消失的建築物和地景，人物影像資料反映了政壇人物與選舉文化，實體文物則包含石器、木雕及工藝品，折射出不同時期的生活樣貌與技藝傳承。

　　此外，多年來高史博以「共筆書寫」和「文物展示」方式，運用館藏文物致力推廣高雄的城市歷史。這本書就是運用館藏文物，經由本館同仁系統性的整理與詮釋，以物敘事、以物話史，讓物件成爲可以被指認、閱讀和記憶的歷史，從而認識物件蘊藏的高雄文史意義。雖然這本書只是從3.5萬多件挑選出來的一百多件文物來解讀，不過其所勾勒出來的吉光片羽，我相信是一百年來高雄城市發展的重要骨架與脈絡。值此設市百年展開新里程之際，這本書只是守護城市文化記憶的開始，我們更期待，未來有志者能多多運用高史博館藏，讓我們一起共筆高雄史。

　　本書得以出版，首先要感謝多年來捐贈或以友情價讓高史博得以蒐藏文物的各界。所以，這本書可謂凝聚了市民、機關與高史博的共同努力；書中，許多看似個人化的物品——如家庭遺物、日記、老照片，經由市民的熱心捐贈與博物館的精心保存，今日得以化身爲城市記憶的一部分。這些藏品不僅述說了高雄的過去，更成爲我們探索未來的基石。而從文物轉化爲敘事或物語，高史博同仁共筆這本書的夥伴，包括莊建華、莊天賜、蔡沐恩等，這是我們一同努力的成果，在此向你們以及在出版過程中曾協助過的大家，致上最誠摯的謝意。

高雄市立歷史博物館館長
李文環
2024.11.28

目錄

- 館長序　以物敘事、以物話史的高雄百年光影　/002

讓我們用文物說高雄100歲的故事　↘006
- 緣起——回顧高雄100歲　/008
- 典藏高雄的吉光片羽　/010
- 如何挑選／敘事？　/011

從1924年開始——高雄市的誕生與茁壯　↘012
- 州轄市高雄（1924-1945）　/014
  - 高雄人投票初體驗　/017
- 省轄市高雄（1945-1979）　/018
- 直轄市高雄（1979-）　/022
  - 高雄市升格祕辛　/026
- 今日高雄都（2010-）　/027

華麗轉身的打狗港——邁向國際大港之路　↘028
- 開港走向世界與侷限　/030
- 邁向現代化大港　/031
  - 哈瑪星　/037
- 浴火重生　/038
- 港口的現在進行式　/042
  - 與海爭地的南星計畫　/044

工業城市的印象——高雄工業發展的始末　↘046
- 新式工業的萌芽　/048
- 重工業的進駐與奠基　/052
  - 河堤與美術館社區的前世　/055
- 經濟奇蹟的大功臣　/056
  - 加工出口區女工的故事　/062

戰爭歲月——烽火下高雄人的身分轉變　↘064
- 一張公民宣誓登記證的故事　/066
- 戰爭動員準備　/069
  - 神社變身忠烈祠　/074
- 躲空襲的日子　/075

那段戒嚴的時代——爭取民主政治的高雄　↘078
- 戒嚴的實施　/080
- 戒嚴的生活日常　/083
  - 禁歌理由有點瞎　/088
- 衝決羅網　/089

運輸大進化──高雄人的日常出行與交通　↘094

- 進化的軌道運輸　/096
  - 輕軌慢慢遊　/103
- 四通八達的公車客運系統　/104
  - 水上的公共運輸　/108
- 新世紀高雄交通系統建置　/110
  - 高雄特色的數字道路命名　/112

瀰漫的香甜氣息──高雄的熱帶水果王國　↘114

- 從漆器工藝「蓬萊塗」說起　/116
- 香蕉王國誕生　/119
  - 華麗轉身的香蕉碼頭　/124
- 鳳梨及罐頭傳奇　/125
  - 香蕉鳳梨以外　/130

戲說高雄──高雄人的娛樂文化　↘132

- 看電影、看戲隨人愛　/134
  - 高松豐次郎與高雄　/140
- 你的表演得被准許　/141
- 多元娛樂選擇　/144

高雄去哪玩?──高雄的休憩空間大解謎　↘150

- 跟著繪葉書去旅行　/152
  - 阿祖級的遊樂園　/155
- 百變壽山　/156
- 一碧萬頃澄清湖　/164
  - 飛天鑽地的遊樂場　/166

誰是高雄人──是誰把高雄變大了？　↘170

- 一點一點加入的高雄人　/172
- 多元的高雄原住民　/176
- 煞猛打拚的客家移民　/181
- 來自海島上的澎湖移民　/185

「物」的故事：未完待續的百年記憶　↘189

讓我們用文物說高雄
100歲的故事

緣起——回顧高雄100歲

　　高雄，早稱「打狗」，聚落的發展可追溯至荷治時期之前。不過，清治時期先後於興隆庄（左營）及下埤頭街（今鳳山）兩地設置縣治，打狗只是水師防汛之地，縱然打狗港於1864年開港通商，聚落發展依然有限。二十世紀初，隨著縱貫鐵道通車與築港工程陸續完工，市街配合都市計畫及基礎設施的完善，打狗港邊的埋立地初見城市雛型，吸引了更多日本及臺灣各地商販絡繹不絕的前來此地貿易，讓打狗成為南臺灣重要的新興海港城市。

　　1920年，配合地方制度改正及行政區域重新調整，臺灣總督府考量城市發展性，州廳設置的地點由人口聚集的鳳山改擇於鄰近港區的新興街道上。1924年6月高雄街人口數達4萬餘人，已有城市發展規模。1924年12月25日，高雄郡廢除，將高雄街改制為高雄市。此後，高雄城市伴隨港口發展日趨繁盛，市界日益擴張。1936年更出現以40萬人口規模的都市計畫。1940年以後，高雄市超越臺南市成為全臺灣第二大城市。1976年，高雄市人口達到百萬人口之譜，3年後升格為院轄市。2010年，高雄縣市合併升格，擴大了高雄市的範圍及人口。

由小而大的「高雄」

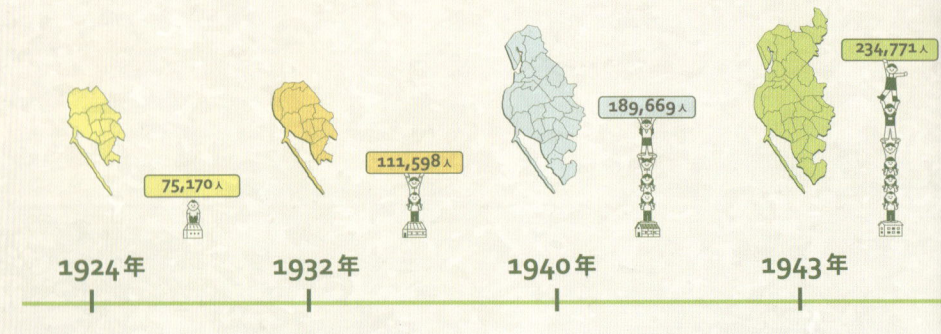

1924年高雄市的成立，反映幾項重要意義。首先，實施市制的高雄市，在預算、行政權上獲得相對的自主牲，形成了以公共自治團體的都市發展機制，與鄰近的岡山、鳳山，形成不同的地方行政體系。其次，市制改變反映在1908年高雄築港工程完工後，港區建設、工商貿易及城市人口飛躍性成長，人口成長幅度甚至已超越鳳山、左營及岡山等舊有聚落。回望百年城市發展的現下，高雄市實施市制的1924年，除了是「城市發展」的起點外，更是凝聚市民屬於自我都市認同感至關重要的一年。

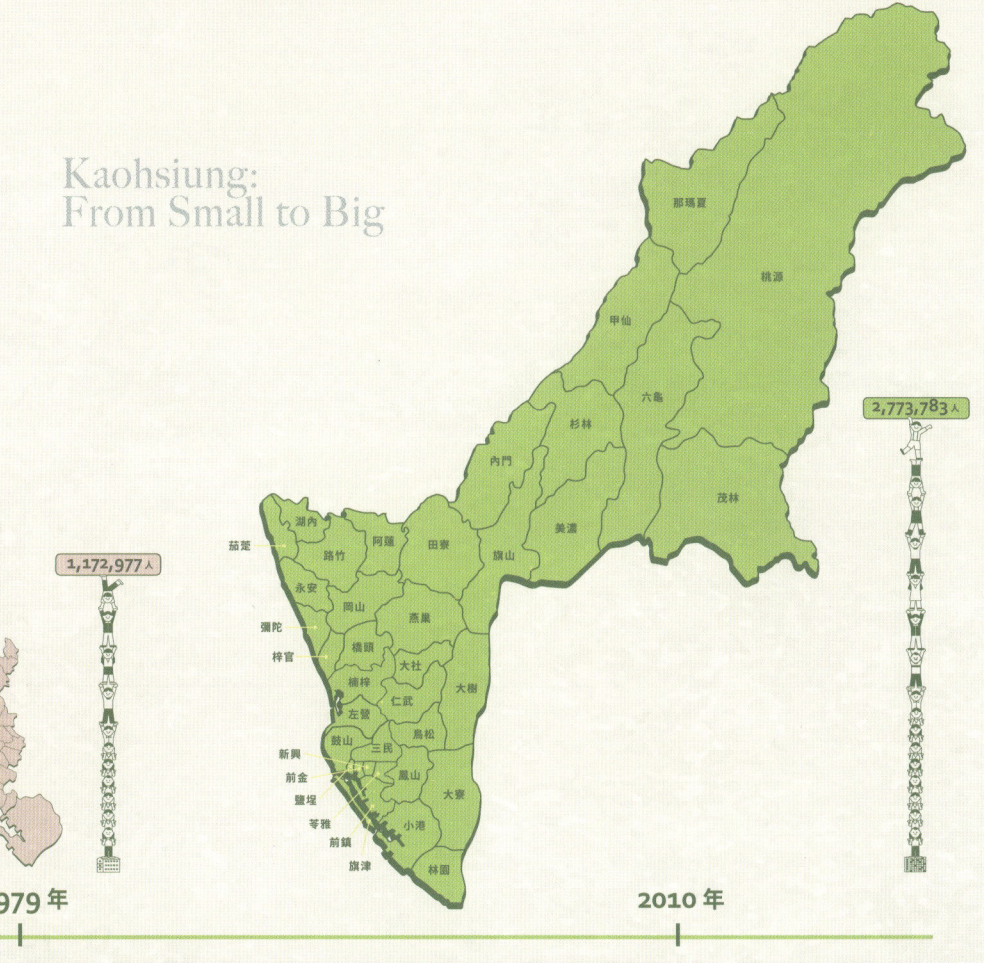

Kaohsiung: From Small to Big

1979年　　　2010年

1,172,977人　　　2,773,783人

讓我們用文物說高雄100歲的故事　　9

典藏高雄的吉光片羽

　　成立於1998年10月的高雄市立歷史博物館（下稱高史博），是臺灣首座由地方政府成立的歷史博物館。作為一間城市博物館，高史博肩負兩大核心任務：首先，向在地市民及遠道而來的旅客介紹高雄的城市歷史，並承擔教育與推廣的使命。其次，透過博物館的專業，保存與城市記憶相關的文物，透過嚴謹的典藏制度，妥善保存這些文物及其背後的歷史脈絡。

　　高史博目前典藏約有3.5萬餘件藏品，種類豐富，當中，以紙質文物最多，約佔三分之一，達一萬餘件。此外，博物館系統地收錄高雄相關影像，這些影像主要分為數位影像及實體照片兩類。如記者石萬里、謝惠民、攝影家洪清雹、侯川宗等人捐贈大量珍貴影像；而臺灣中油公司、高雄港務分公司及高雄市各單位也共享大量影像與文物。這些影像涵蓋高雄的政壇人物、選舉活動、常民生活、民俗信仰及風俗地貌等多樣範疇。

　　除了影像外，高史博還典藏了大量實體文物，包括石器、漆器、織品、金屬及木質家具等。其中不乏具重要歷史價值的文物，如臺灣關地界碑、黑漆鑲嵌彩繪蝴蝶蘭紋方瓶，以及體現原住民文化的木雕彩繪獨木舟形漆煙盒、朱漆彩繪杵歌紋小瓶、木雕彩繪原住民圖紋漆煙具組等，這些文物承載著記憶與技藝，乃是高史博珍貴的典藏品。

　　無論何種文物，蒐藏過程中，我們會確保文物脈絡的完整性。二十幾年來，高史博三萬多件典藏品已經蘊藏著不少故事。今年恰逢高雄市設市一百週年，為了慶祝這個相當值得紀念的日子，用文物說故事，讓讀者可輕鬆認識高雄市一百年來發展的大體脈絡。這是本書的發想和理念。

如何挑選／敘事？

　　當高史博著手策劃此書時，首要的挑戰是如何從3.5萬餘件典藏品「精選」出能講述故事的文物，因為每件藏品背後都有一段歷史故事。我們嘗試與高雄市發展的時代脈絡結合，並依據各個時期常民生活的特徵，挑選出與之契合的文物。使文物得以更具意義地回歸時代脈絡，這樣的方式不僅賦予文物更豐富的時代意義，更能在高雄市迎來100歲生日之際，讓讀者從不同層面理解城市的歷史變遷。

　　在這個過程中，我們也注意到，經過20多年積累的典藏品，其詮釋與照片資料的完整性成為另一項挑戰。幸運的是，這也給了典藏人員一次重新檢視與補充文物資料的機會，讓文物的基礎資料能更加完備。

　　因此，本書規劃了10個篇章，依據時間順序安排典藏品，讓這些文物得以融入百年歷史的主軸。自1924年高雄設市起，通過影像與文物，講述了城市的誕生、港口擴建、戰時體制下的高雄，以及戰後的復甦與發展。二戰後的篇章則從交通、休閒、產業等多元角度，展現了高雄的轉變與繁榮。這樣的編排不僅脈絡分明，也讓每一件文物、每一幀影像在訴說這座城市的百年故事時，更顯得生動具象。

從1924年開始——
高雄市的誕生與茁壯

高雄昔稱打狗，泛指今日旗津與哨船頭一帶，聚落歷史可追溯至17世紀；而後近二百年間，受限於政策和港口條件，發展有限。1895年日本治理臺灣之後，先後在打狗港邊投入鐵路、港口和新式街區等公共建設，昔日的小漁村、貿易港快速發展出具現代城市的雛形。1920年打狗更名為高雄，4年後，高雄市才因應時代需求而誕生，奠定百年發展的政治體制。百年來，高雄市不斷地茁壯，行政地位也隨政權更替及人口成長而更易，本單元將從不同時期不同行政定位的高雄談起。

州轄市高雄（1924－1945）

　　今人所熟悉的「市政府」體制，其實是1920年臺灣總督府頒布「臺灣市制施行令」之後，才正式成為地方政府組織。這是因應臺灣地方官制進入「州廳時期」所出現的新體制。

　　這一年，西部平原設置：臺北、新竹、臺中、臺南、高雄等五州。州下設郡、市，郡下設街、庄。郡，是州與街庄之間的聯繫組織體，未具法人資格。州、市、街庄，分別施行州制、市制、街庄制，具有法人資格之公共團體，各級公共團體設置「協議會」，其成員由官方遴選，僅諮詢性質。至此，「市制」正式成為地方行政區域層級。1920年設有臺北、臺中、臺南等三個市。

　　而高雄州，行政轄區約涵蓋今日的高屏和澎湖地區，下設高雄郡、鳳山郡、旗山郡、岡山郡、屏東郡、潮州郡、東港郡、恆春郡和澎湖郡等。各郡之下設有庄或街，高雄郡下就設高雄街。

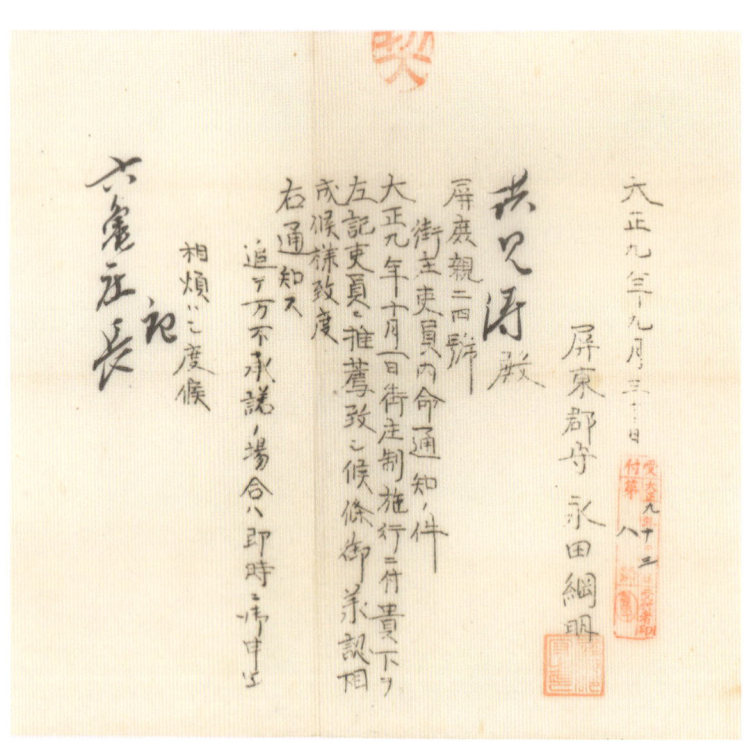

🛈 1920年六龜庄長任命書（典藏號：KH2020.002.0390）

🛈 六龜庄長印章
（典藏號：KH2019.019.472）

　　上列文物分別為第一任六龜庄長洪見濤的任命書與印章，出自本館特藏「洪梱源文書史料」，六龜庄即今六龜區前身，庄長相當於區長。在這年，「高雄」地名橫空出世，出現高雄州、高雄郡、高雄街等行政區域，但高雄市還沒誕生。

在地方人士極力爭取下，1924年12月25日，高雄街與基隆街連袂升格為臺灣第二波的「市」，高雄郡則存在四年就被廢止。高雄市的最高行政機關稱為「高雄市役所」，第一代市役所位於今哈瑪星代天府，廳舍是沿用原來的高雄街役場；1939年9月，市役所遷到今鹽埕區愛河畔，二代高雄市役所也是戰後第一代高雄市政府，廳舍是由清水組所建的帝冠式建築。

　　市的首長稱為「市尹」，有史以來第一位高雄市首長是東京市出身的末任高雄郡郡守岩本多助（1875-？）。1940年，總督府進行地方行政機構調整，「市尹」改稱為「市長」；末代「市尹」岡山縣人宗藤大陸（1893-1974）成為第一位擁有「高雄市長」頭銜的人。

🔊 高雄市役所瓷杯（典藏號：KH2000.002.045（A160、A161））
　本件文物為1990年代本館整建時出土的文物之一，見證本館最早前身高雄市役所的存在。

新誕生的高雄市遠比現在小很多，人口4萬1千多人，在當時五個州轄市中僅大過臺中市。其後高雄市範圍有幾次擴張，其中1940年10月加入今左營及楠梓、三民、前鎮部分區域，版圖大幅擴張一倍以上，一舉成為面積最大的州轄市；人口也躍升為僅次於臺北的第二大城市。1943年，再併入楠梓的楠梓、土庫、後勁三個地區，奠定戰後省轄市時期（1946-1979）高雄市的轄區範圍。

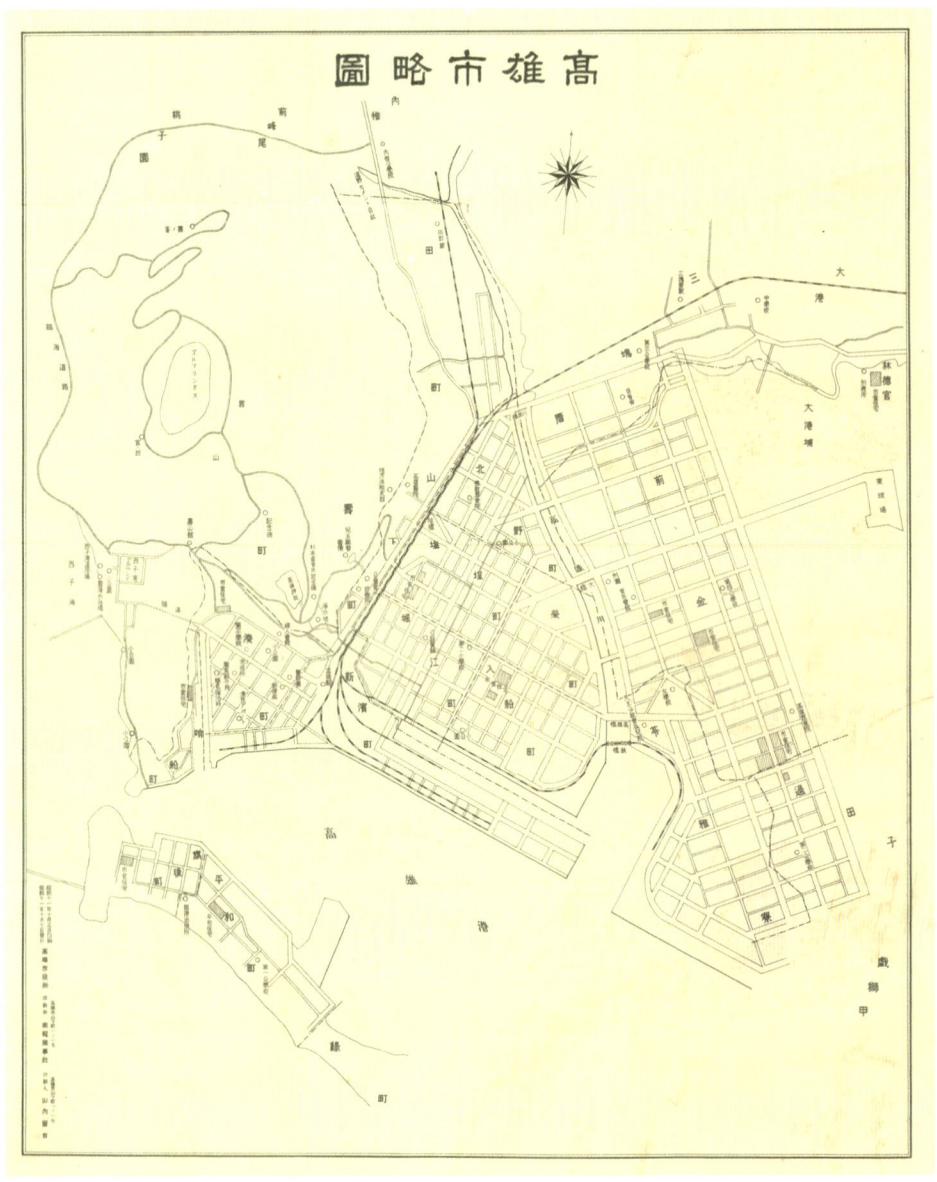

⋒ 1930年代高雄市略圖（典藏號：KH2003.011.050）
　 1924年初設高雄市時，範圍大概是今旗津、鹽埕、前金、新興等4區全境，鼓山區大部分，以及三民、苓雅、前鎮三區的部分區域，大約是戰後縣市合併前直轄市時期（1979-2010）高雄市範圍的四分之一。

高雄人投票初體驗

　　1935年11月22日，高雄市民迎來了臺灣史上的選舉初體驗，選舉的是高雄市會議員，相當於現在的高雄市議員。不過，只有年滿25歲、在選區住滿6個月、年繳稅至少5圓的男性才有投票權，同時僅一半14名的議員名額開放民選。由於繳稅限制，使得只占高雄人口1/4的日本人，卻占擁有投票權公民的3/5。這場選舉，投票率高達92%，看似高到不可思議的投票率，其實只是略高於全臺平均值，可見選民對投票新奇體驗的熱烈響應。選舉結果，公車業者高木拾郎拿下449票的第一高票；來自臺南歸仁、在鹽埕開業的楊金虎獲得417票次高票，也是臺人第一高票。出身屏東里港、30歲出頭、為罕見女性紳章擁有者莊阿隨之孫的當選人陳天道，被檢舉賄選而遭拘留，在刑務所中提出辭呈，這可能是臺灣史上第一樁選舉官司。

⊃ 在高雄經營公車及多家會社的商業鉅子高木拾郎，成了高雄選舉初體驗的第一高票候選人。（典藏號：KH2004.007.001-0012）

⊙ 1935年第一屆高雄市會成立，14位民選議員與14位官選議員合影留念。（《臺灣地方行政》第2卷第1號）

省轄市高雄（1945－1979）

　　1945年8月，日本二次大戰戰敗。10月，中華民國政府派員接收臺灣，以「臺灣省行政長官公署」為治臺最高行政機關。新政府改州、廳為縣，更郡為區、街為鎮、庄為鄉。高雄市從州轄市變成九大省轄市之一。11月，長官公署指派福建惠安出身的連謀任戰後首任高雄市長。不過，連謀任市長時間只有半年，1946年5月，長官公署改派南投鹿谷出身的黃仲圖為第二任高雄市長，也是高雄首位本省籍市長。而原日治時期的高雄州則改稱高雄縣，由彰化二水出身的謝東閔擔任第一任縣長。

　　1950年，臺灣大幅調整行政區劃，劃為16縣5（省轄）市1管理局。高雄市位階和轄區不變，地位仍屬省轄市，市的範圍延續日治後期轄區，下分成旗津、鹽埕、鼓山、三民、新興、前金、連雅（1952年更名為苓雅）、前鎮、左營、楠梓等10個區，區下置里，當時小港還沒加入高雄市。

　　同一年高雄縣則是分出新設的屏東縣，管轄原高雄州轄下的屏東地區，因此高雄縣轄區範圍較二戰後初期大為縮水，縣下則置鄉、鎮。總體來說，二戰後初期，高雄縣的鄉鎮劃分仍處於調整階段，不似高雄市區劃分穩定。

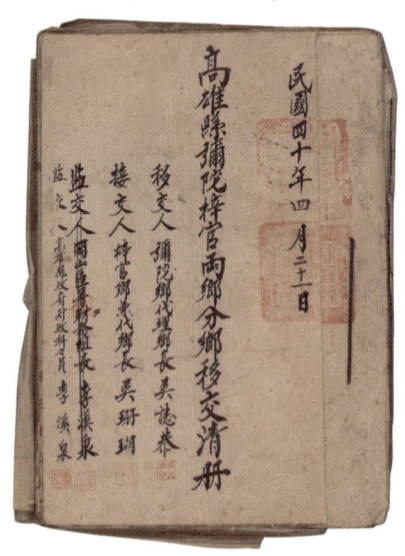

🎧 彌陀、梓官分鄉移交清冊（典藏號：KH2017.012.001）
　　本館典藏1951年梓官自彌陀分出時的分鄉移交清冊，同一時期前後幾年，尚有岡山分出橋頭、湖內分出茄萣、仁武分出大社、彌陀分出永安。

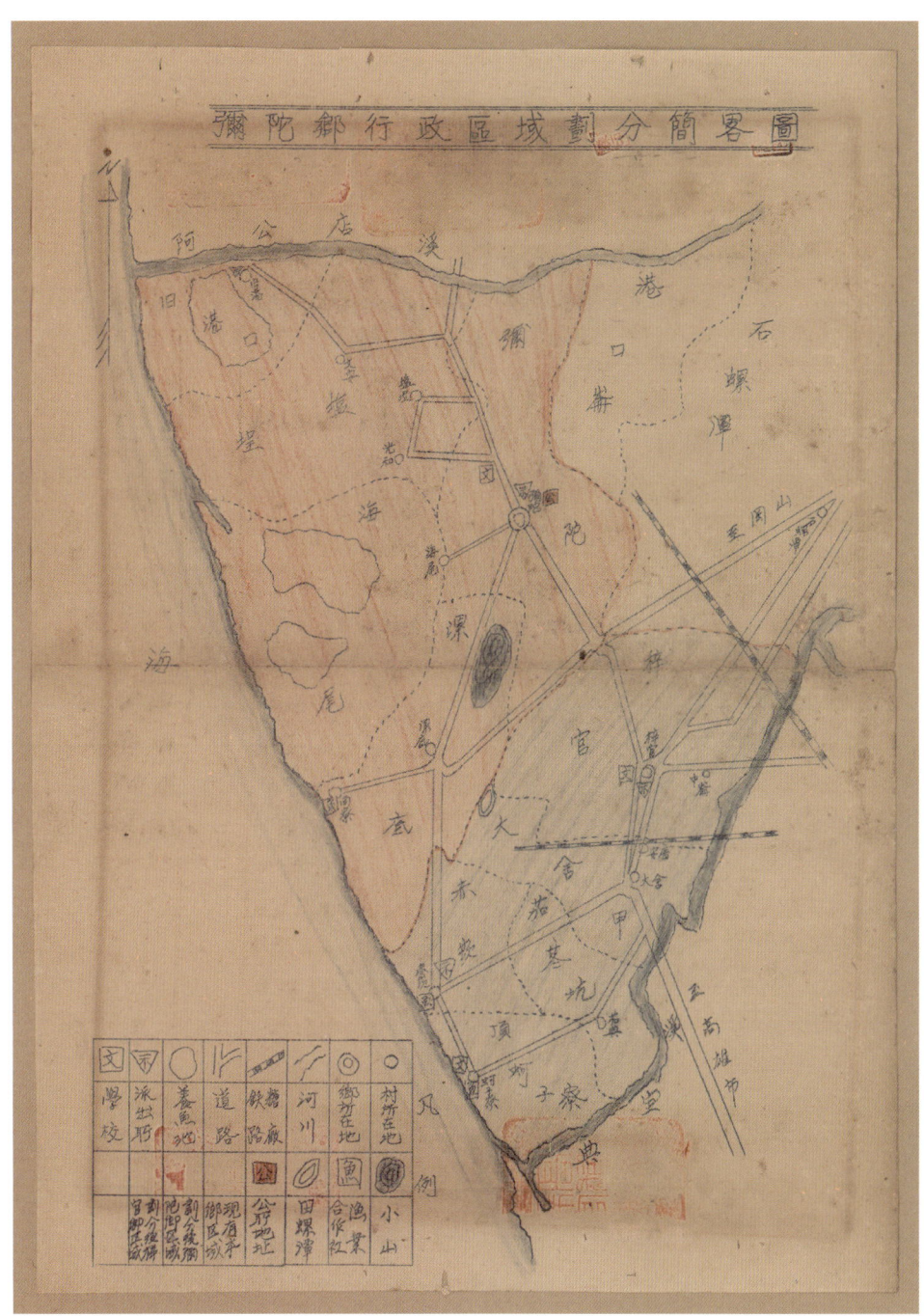

彌陀鄉行政區域劃分簡略圖

日治時期，彌陀庄擁有今天永安、彌陀及梓官三個區，1950年彌陀鄉率先分出永安鄉，隔年再分出梓官鄉。此圖為1951年彌陀鄉尚未與梓官鄉分鄉的簡略圖。

1950年開始，臺灣號稱全面實行地方自治，一改日治時期性別、繳稅限制，投票年齡也降低到20歲；同時，縣市長層級以下的地方首長首度納入直選，這是史上第一次高雄市民可以直選出自己的市長。1951年3月25日，是首次直選高雄市長的日子，共有謝掙強、林斌、李源棧等三人參選。選舉結果，由澎湖出身、定居在新興區的謝掙強當選，成為史上第一位民選高雄市長。三年任滿後再成為首位連任市長。

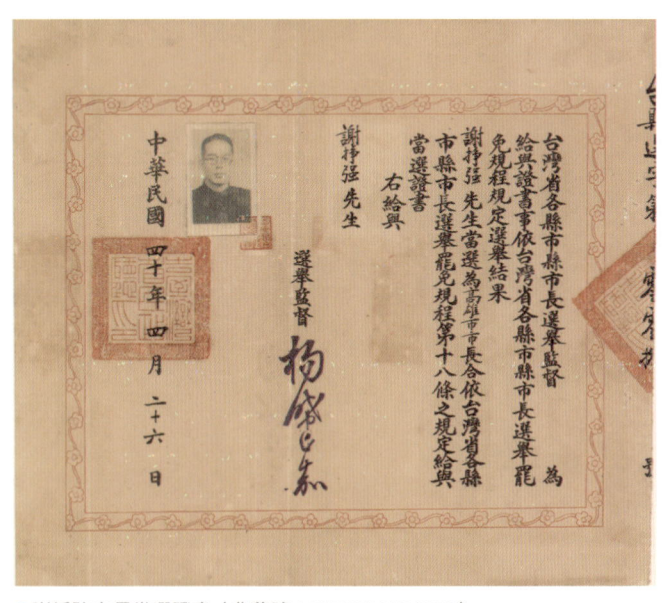

🔸謝掙強市長當選證書（典藏號：KH2020.003.0570）
　　本館典藏有「謝掙強文書」，包括謝掙強擔任市長時期保留的書信、證書、相片，由謝掙強子女捐給本館典藏。其中尚有數本競選市長時的相冊，是見證高雄地方自治發展的珍貴影像史料。

自日治時期築港以來,每個時期都有源源不絕的移民選擇遷居高雄安身立命,帶來豐富的多元文化。其中又以來自澎湖、臺南兩地的移民較多,在政壇與世居高雄者形成所謂「在地派」、「澎湖派」、「臺南派」分庭抗禮的局面,謝掙強即是澎湖派的代表人物。

　　第三屆市長到高雄升格為直轄市,市長改回官派前,先後有陳武璋(第三屆,臺南學甲出身)、陳啟川(第四、五屆,高雄在地苓雅寮出身)、楊金虎(第六屆,臺南歸仁出身)、王玉雲(第七、八屆,高雄茄萣出身)當選高雄市長。澎湖派、臺南派、在地派都當過市長,與高雄市人口出身結構頗為吻合。

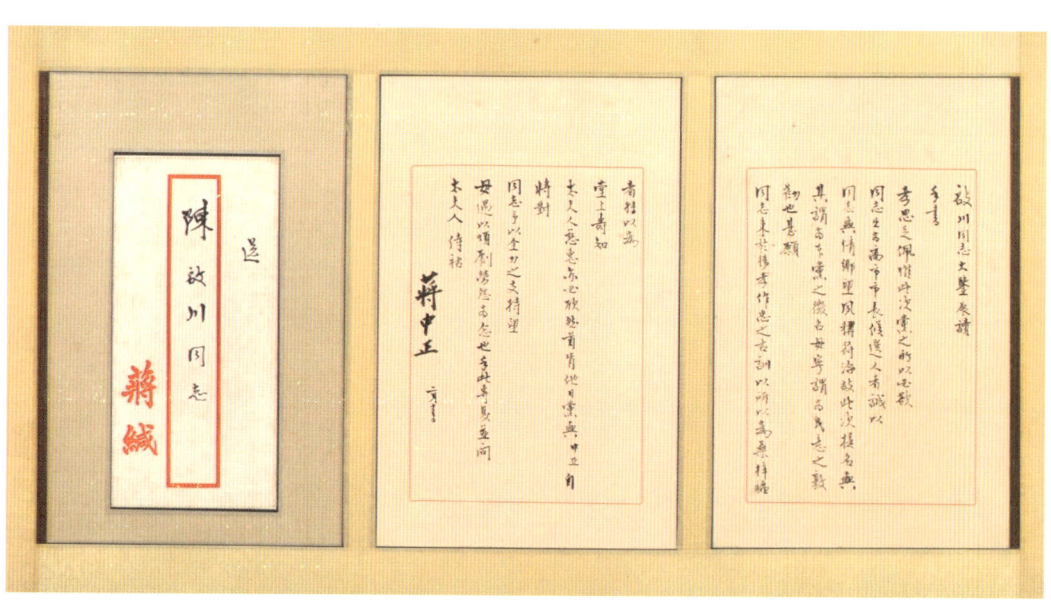

總統蔣中正徵召陳啟川參選高雄市長書信(典藏號:KH2021.005.0634)
陳啟川出身高雄陳家,高雄陳家是日治時期五大家族中唯一的南部家族,戰後家族勢力仍深植高雄政經界,不僅陳啟川當過兩任高雄市長,侄子陳田錨也連續當選八屆高雄市議員及五任高雄市議會議長,是在地派的代表家族。

直轄市高雄（1979 - ）

　　1950至70年代，高雄市人口因工業與城市發展而快速成長。1976年1月8日，第一百萬人口柳仁輝誕生於楠梓，此意味著高雄市達到《市組織法》所規定升格為直轄市的條件。

　　1979年7月1日，高雄市正式併入小港鄉，升格為臺灣第二個直轄市，行政位階與臺灣省、臺北市平起平坐。升格轉大人的高雄市，在財政分配上擁有更多的經費，對城市發展與建設有正面的影響。不過，原本市民可以直選的市長，卻改為由行政院長提名，經市議會同意後，由總統任命的官派市長。即便規定市議會具有市長任命同意權，實際上僅最後一任官派市長吳敦義有經過議會同意而任命。

　　無論如何，高雄升格為直轄市，對高雄人而言總是一件值得歡欣鼓舞、大肆慶祝的事。

🎧 高雄升格為院轄市的紀念杯（典藏號：KH2021.061.0002）
　　高雄市於1979年升格院轄市，高爾夫球比賽優勝的紀念杯，還不忘搭上升格熱，寫上慶祝高雄升格為直轄市的字句，有趣的是1924、1979高雄兩次升格，儘管政權不同，都有紀念杯誌慶。

🔸 高雄市升格為院轄市專刊（典藏號：KH2021.007.0008）
　高雄市於1979年升格院轄市後，於1980年代初期編纂介紹高雄市政組織和建設的專刊。專刊標題為「中華民國第十四個院轄市高雄市」，象徵當時的中華民國仍持續將主權及於中國大陸，臺灣第二個直轄市高雄，變成中華民國第14個直轄市了（其他如北京、南京、重慶等12個在中國大陸）。

從1924年開始──高雄市的誕生與茁壯　23

高雄市升格後,市長改回官派,首位直轄市長,是由原任市長王玉雲續任。王玉雲之後,先後有楊金欉(花蓮出身)、許水德(左營出身)、蘇南成(臺南市出身)、吳敦義(南投草屯出身)出任過官派高雄市長,僅有許水德是高雄本地出身。

1994年,「直轄市自治法」公布,賦予直轄市長民選的法源依據,高雄市民再度可以直選市長。首次直轄市高雄市長直選,有五人登記參選,主要由中國國民黨提名的吳敦義對決民主進步黨提名的張俊雄。結果由末代官派市長吳敦義以過半得票率當選。四年後,民進黨籍謝長廷當選第二任直轄市高雄市長,成為首位民進黨籍市長。謝長廷和陳菊接力,使民進黨在高雄市連續執政20年。

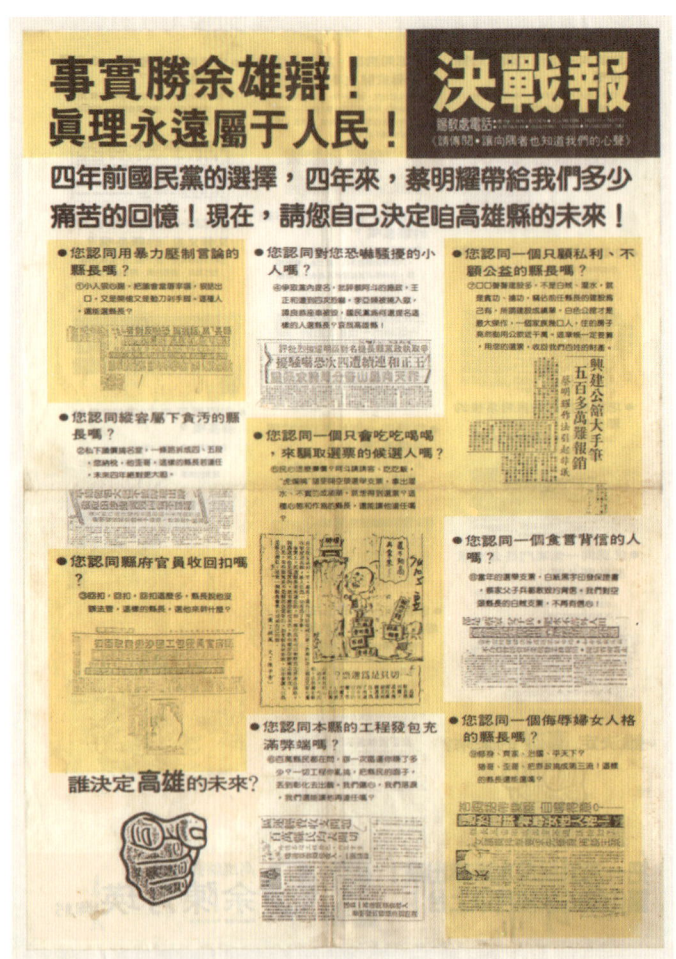

🎧 高雄縣長選舉傳單(典藏號:KH2021.006.0187)
1985年余陳月瑛參選第十屆高雄縣長選舉,成為黨外候選人。此次選舉,余陳月瑛成功打敗國民黨提名的候選人,成為高雄縣第一位女性縣長。

相較於高雄市的區長為派任公務員，高雄縣不僅歷任縣長都是民選，轄內鄉、鎮、市長均由民選產生。

　　高雄市的區沒有區民代表的設計；高雄縣的鄉、鎮、市則都有鄉、鎮、市民代表，且均由公民直選。可見2010年縣市合併前，高雄縣與高雄市呈現不同的政治發展軌跡。

🎧 原高雄縣仁武鄉鄉民代表徽章（典藏號：KH2006.004.008）
　　高雄縣的鄉、鎮、市都設置有由公民直選的鄉、鎮、市民代表，此文物為高雄縣仁武鄉鄉民代表徽章。

高雄市升格祕辛

　　正當高雄市人口突破百萬人時,中央和地方政府即開始著手規劃高雄升格的各項工作。有關轄區劃分,高雄市政府提出兩個方案:一是將大鳳山和大岡山兩地區共19個鄉鎮市併入新高雄市;二是將橋頭、仁武、大社、林園、小港、大寮、鳥松等七鄉及鳳山五甲地區併入高雄市。兩個方案都遭高雄縣方面強烈反對,尤其若採用第一個方案,高雄縣將只剩下靠山的東高雄大旗山區。最後,行政院採取內政部提出只把小港鄉併入高雄市的方案,大大減少高雄市升格對高雄縣的衝擊。

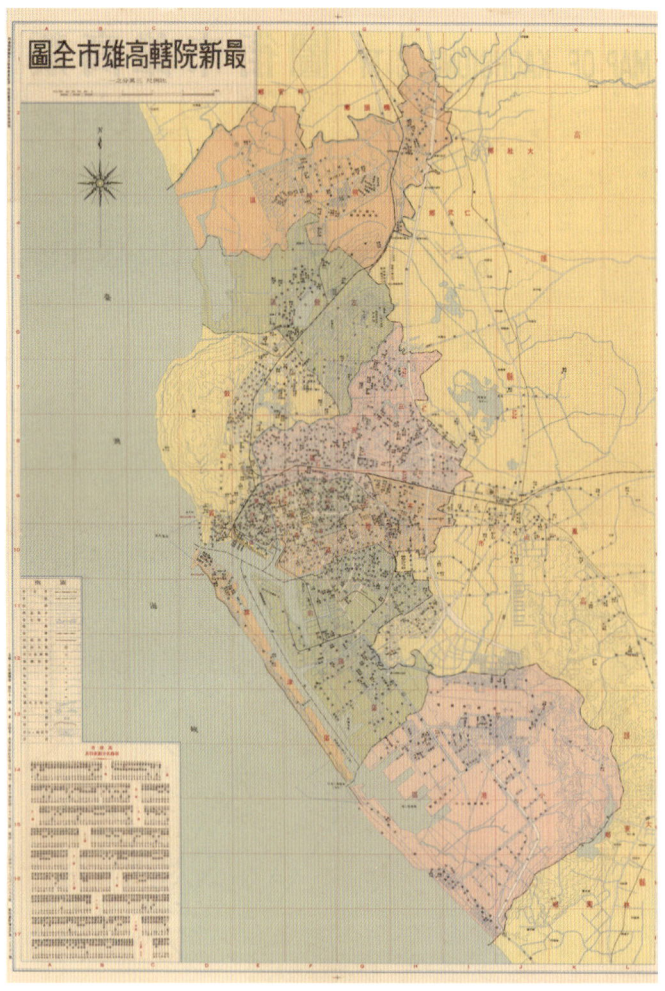

院轄市時期高雄市地圖,1979年7月1日,高雄市併入原屬高雄縣的小港鄉,升格為臺灣第二個直轄市。(典藏號:KH2021.007.0013)

今日高雄都（2010－）

　　1990年代末期，臺灣各界又開始討論行政區域重新規劃的問題。2009年，行政院核定臺北縣升格為新北市，高雄、臺南、臺中等三縣市合併為三市，加上原有的臺北市，合稱為「五都」。2010年12月25日正式實施。

　　縣市合併後的高雄市，儘管位階仍是直轄市，但面積擴大為原高雄市的19.2倍，更是1924年高雄初設市時的73.8倍，是面積最大的直轄市，不但包海，而且包山。人口從合併前的152萬餘人增加到277萬多人，為原人口數的1.8倍，僅次於新北市，排名當時各縣市第二位。管轄行政區從原來11個區增加到38區，數量居各縣市之冠。38區不僅有臨港的鼓山、鹽埕、旗津，也有客庄美濃和杉林，以及原鄉茂林、桃源、那瑪夏。新高雄市無疑是南臺灣第一大都會區，坐擁了最豐富的自然景觀和人文資源。

　　高雄被稱為「港都」，是臺灣最大的港口城市。回顧百年來高雄的發展過程，港口是城市成長的起點，城市茁壯原因與港口建設息息相關，儘管現今高雄已是國際級的大城市，高雄港之印象，卻依然深刻印在許多人的腦海中。

華麗轉身的打狗港──
邁向國際大港之路

打狗港是千年前形成的潟湖港灣。最晚至16世紀，明帝國東南沿海漁民因追捕烏魚來到這裡，日本和華人海商、海盜也相繼在此出沒；17世紀初，荷蘭東印度公司更以「貿易商之島」（Handelaars Eylandt）標示打狗港灣，意味著貿易潛力。但是，鄭氏政權和清帝國時期，政策上，安平港是通商大港，而打狗港則是以汛防和漁業為主的島內港。直到清末政策更迭，以及日治時期的築港工程，才開啟打狗港邁向國際大港之路。以下，讓我們娓娓道來百年來，從打狗港華麗轉身的高雄港。

開港走向世界與侷限

　　1857年清帝國在英法聯軍之役敗戰，被迫簽訂「天津條約」，開放臺灣的雞籠、滬尾、安平和打狗等港口；1863年，打狗港正式開放為國際通商口岸，次年，打狗海關設立，至此，打狗港才走向世界舞臺。

　　1864年5月打狗成立海關之後，英國人麥威爾（William Maxwell）擔任稅務司，辦事處暫時設在裝運鴉片的「尋路者號」上，後來才在今日哨船頭購地，1869年興建辦公廳舍（今改建為高雄關稅局宿舍）。由於以稅務司為首的洋關關員主要都是外國人，當時享有領事裁判的治外法權，此外稅務機關要地也要慎防閒雜人士闖入，因此廳舍周邊安設地界碑，區分裡外。

　　誠如上述，19世紀中後期開港通商，打狗港確實引起國際矚目。但是，一方面南臺灣產業依然延續二百多年來所形成的米糖經濟，這些傳統農業和農產品加工業，利潤薄、外銷市場激烈；二方面，打狗港自然地理條件不佳，不僅內港潟湖水淺，港嘴兩岸皆為岩石和險礁，而且港外沙洲橫亙，復以19世紀80年代之後輪船逐漸取代帆船成為海運主要工具，更是不利於打狗港。雖然洋商、外交官曾多次與清廷交涉，希望能挹注資源改善港口環境，卻都不為福建省府所接受。也因此，打狗港貿易每況愈下。1880年代，臺灣關和英國領事皆把重心遷往安平港。

🎧 **臺灣關地界碑**（典藏號：KH2003.014.001）
本館典藏的「臺灣關地界」碑，是清治後期打狗開放通商走向世界的代表文物，具有「重要古物」的文化資產身分。目前在高雄發現的「臺灣關地界」碑共有五塊，有三塊典藏於本館，另外二塊，其中一塊典藏於海關博物館，另一塊藏於打狗英國領事館文化園區。

邁向現代化大港

　　進入日治時期，鐵路為打狗港帶來轉變的契機。1899年臺灣總督府決定分段興建西部縱貫鐵路。1900年11月28日「打狗—臺南」段通車，約在今日鼓山一路87巷路口設置臨時打狗停車場，開啟打狗港海陸聯運的機制，因而促使臺灣製糖株式會社在橋頭投資建置全臺第一座現代化製糖工廠（今橋頭糖廠），加速南臺灣製糖工業轉型，從而提振打狗港貿易機能。1904年，鐵道部為了改善臨時打狗停車場腹地狹隘問題，以填海造陸方式，1906年完成今日哈瑪星第一塊土地（鐵道部埋立地），有效改善打狗港的空間機能。1907年超越安平港成為全臺第二大貿易港。

　　1908年縱貫鐵路通車，打狗港是鐵路線最南端點，奠定了做為物流中心的重要基礎；因此，同一年日本政府正式決定實施打狗築港工程，而後至日本治臺結束的三十多年間，分三期投入龐大預算，築港、造市，奠定今日高雄市成為港都、工業城的宏偉格局。

　　第一期築港工程（1908-1912）為期四年，主要有三項建設。第一，疏浚港內航道、鑿除港嘴獨立岩礁，讓輪船進出港口更為安全。第二，興建碼頭並延伸鋪設鐵路線，讓卸貨上更為便利。第三，以海埔新生地工法填築市街用地。在前述鐵道部埋立地基礎上，由淺野總一郎完成今日哈瑪星另一塊土地。此階段打狗港有第一和第二碼頭區，前者即最早開發濱線碼頭區，後者則為今日蓬萊港區的第1-7號碼頭區。

　　改善港口機能之同時，臺灣總督府以保護航運來補貼日本航商去發展以日臺航線為主的航路；補助航線的建立相當重要。1896年4月總督府補助大阪商船株式會社六萬圓，開通臺灣和日本內地之間的定期航線，1897年再補貼日本郵船株式會社，不過，其日臺航線主要港口是基隆和神戶。至1902年，大阪商船開設打狗經基隆、門司、神戶至橫濱的航線。這些補助航線都促進了經濟的發展。

第二期築港工程幾乎無縫接軌地於1912年展開,至1934年完成今日蓬萊港區。除了持續疏濬航道、擴大水域、擴寬港嘴等基礎工程外,主要有三項建設。第一,約1921年間完成今日鹽埕區的空間改造。第二,興建碼頭包括今日蓬萊港區第8-10碼頭。第三,整治古愛河河道,將支流(後壁港)改造為大溝,並疏濬成為「高雄運河」(即如今愛河的河道)。第三,修築裏船溜(今第三船渠)和入船町淺水碼頭(今第11-12碼頭,高雄流行音樂中心一帶),今愛河灣大體成形。第四,同步興建倉庫和鐵路;在既有縱貫線與濱線基礎上,以高雄驛為中心,新修「B線」、「A線」共18股軌道,末端收束延伸進入碼頭作業區和倉庫群。於是,運河、船渠、淺水碼頭和深水碼頭等多樣性水運空間,結合車站、鐵路線群和倉庫群等陸運設施,以及具備現代生活機能的哈瑪星、鹽埕區等新市街區,構成一處以國際物流為主的海港城市—高雄。

　　在1923年以前,米和砂糖是高雄港主要出口商品。1924年5月6日,山下汽船的豐富丸在橫濱卸下第一批自高雄港運出的香蕉,並以罕見高價賣出,這是高雄港外銷香蕉元年;十年後,高雄港香蕉出口數量和金額超越基隆港成為臺蕉外銷日本的主要輸出港。此香蕉從高雄直航橫濱的「高雄—橫濱線」,是1923年由高雄州地方官員爭取而來的新航路,也是後來臺日間相當倚重的命令航路,除了後續增加大阪、神戶、鹿兒島、名古屋等停靠港外,也是1920年代後最多商船行駛的臺日命令航線。1924年之後,米、糖和香蕉都成為高雄港出口主力,高雄港航線也更為豐富。

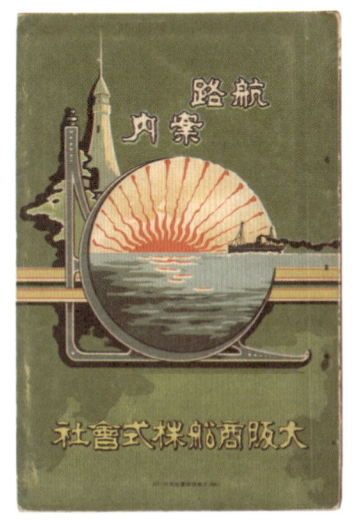

🎧 明治年間大阪商船航路案內(1907年印刷)(典藏號:KH2021.049.0002)
　　大阪商船株式會社是臺灣第一家經營臺、日定期航班的船公司,1902年開設打狗經基隆、門司、神戶至橫濱的航線,此件文物呈現日治初期明治年間大阪商船株式會社所經營的航路資訊。

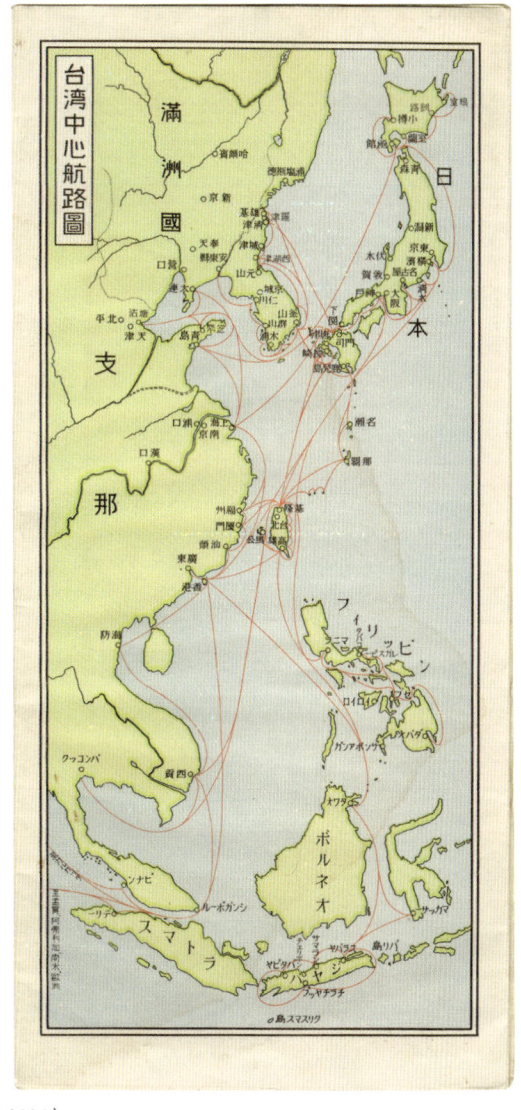

↻ 昭和年間大阪商船臺灣中心航路案內（典藏號：KH2021.033.0006）
相較日治初期航線，築港工程完成後，大阪商船航線大幅擴張，除日本外，往北可到北朝鮮、天津；往南可達廣東、馬尼拉、巴達維亞（今雅加達），高雄港在國際航運的地位益發重要。

華麗轉身的打狗港 —— 邁向國際大港之路

1930年代，第二期築港工程已近尾聲，高雄市因港口發達而呈現出空前繁盛的情況。兩次的築港工程，大致完成了今愛河灣右岸舊港區的港口規模，配合陸上交通網絡益發完善，以及農、工業發展快速成長，使高雄港的客貨運輸範圍不斷擴大，成為名副其實的國際貿易大港。

　　不過，一方面受到第一次世界大戰結束物價暴漲衝擊，以及關東大地震、工程災害、財政困難等因素影響，加上雖然南臺灣米糖和香蕉經濟雖促使高雄港對日出口貿易暢旺，但是經濟沒有轉型，貿易也難以再突破。

　　為了提振經濟，高雄商工會以1931年新高雄州廳即將完工啟用為契機，發起「高雄港勢展覽會」，這是高雄有史以來第一次舉辦大型展（博）覽會，除了慶祝新州廳、築港功績，更帶有提振商業買氣的期盼。

　　1930年11月，展覽會開始籌備，由高雄市尹今井昌治擔任會長，從副會長以降，到部長、係長、委員、顧問及211位評議員，無分臺、日，幾乎高雄稍有名氣的政界、商界人物都被網羅其中，可說是整個城市的一大盛事。

○ **高雄港勢展覽會會員章**（典藏號：KH2008.003.014）
　　高雄港勢展覽會發行有會員章，依據會員章程，贊助金額50、30、20、10、5圓以上者，依序為榮譽會員、特別會員、正會員、通常會員、贊助會員。

1931年5月1日，展覽會開幕，原本預定展期五天，因大受好評而延長一天，於5月6日閉幕。展覽會分為五個會場，位於舊州廳高雄公會堂（位於今鼓山路鼓山分局位置）的第一會場是主展覽館，第一會場又分成16個主題館，透過模型、圖表、照片建構起整個會場的展示內容，其中又以港口、海運內容占大半。總計六天的展覽，入場人數超過11萬人次。港勢展覽會的舉辦具有表彰築港功績的宣傳意味，各類展示館所帶動的人潮與觀光，隱然是一種港、市的行銷活動。而高雄進步港灣都市的印象也藉此成功刻畫在當時臺人腦海中。

◐ 高雄港勢展覽會發行的風景明信片（典藏號：KH2021.051.0001）
　高雄港勢展覽會發行的紀念繪葉書，繪葉書即日文風景明信片之意，繪葉書共一組五張，內容收集了港勢展覽會會場周邊的重要景觀。

1935年，由軍部主導、內閣配合，實施「軍需工業化」政策，以「皇民化、南進化、工業化」為目標，全力動員日本、臺灣、朝鮮、滿洲等地的物資，這項發展大東亞共榮圈的貿易願景，開始解開高雄港的侷限；結合第三期築港工程，高雄港東岸相繼出現工業地景，如苓雅寮碼頭的儲油槽，以及最能體現這項轉變的地景即為戲獅甲工業區之建置。

　　戲獅甲工業區位於高雄港東岸偏南、前鎮北側，這裡自日治初期以來即被日本海軍所收購，並設置水上飛行場。為了取得土地，1934年總督府開始與海軍協商交換土地；此外本館典藏的《鳳山地政史料》檔案對於工業區各工廠的土地取得也留下一手資料。大體而言，戲獅甲臨港工業區於1935年間開始創設，約1941年左右全部完成。這是高雄市也是臺灣首座工業區，而且是以重化工業為主的產業聚落群。煉鋁、製鹼和化肥是此工業區的核心產業。換言之，直到日治末期，日本政府依然不斷規劃高雄港的開發。

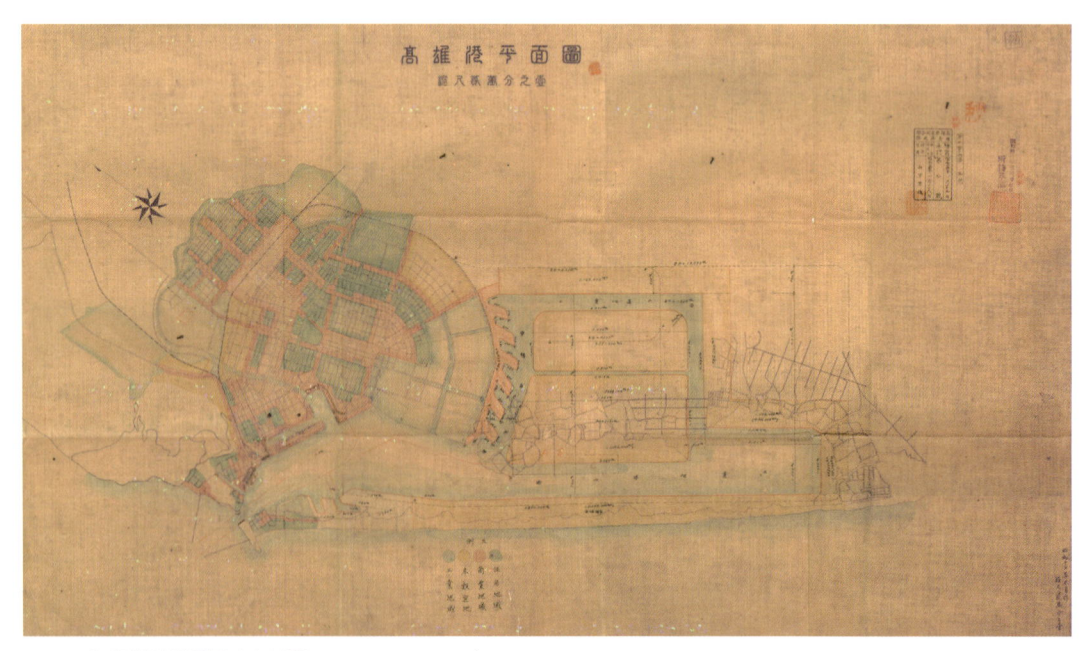

🎧 1939年高雄港平面圖（本館藏：KH2020.019.0134）
本圖是本館典藏《鳳山地政史料》檔案中的一幅，圖中十字型船渠即戲獅甲工業區，工業區南側今前鎮一帶，所呈現的確是面積寬大的水道和碼頭，顯然與現今高雄港截然不同。可見這是一張未被採用或執行的高雄港計劃圖。

哈瑪星

　　現今高雄著名觀光景點哈瑪星，是日治初期第一期築港時自愛河支流出海口及打狗港灣所填築出來的土地，「哈瑪星」之名，是從日文「濱線（はません，HAMASEN）」的語音轉借而來。而濱線，即1906年鐵道部埋立地完成縱貫線向碼頭的延伸線。二次世界大戰後，住民將「はません」書寫為「哈瑪星」，泛指今日五福四路底鐵路平交道以南至港埠，向西至西子灣洞口和第一船渠所圍合的範疇。這個街區是由鐵道部埋立地和淺野埋立地所構成。日文「埋立地」即海埔新生地之意。

　　鐵道部埋立地於1906年填築完成，1908年配合縱貫鐵路全線通車，打狗車站遷建至新填築地「鐵道部埋立地」（今舊打狗驛故事館附近），這填築地成為「哈瑪星」的第一塊土地。淺野埋立地則是1908年由出身日本富山縣冰見市的淺野總一郎取得開發許可，於1912年完成新填出的6萬7千多坪土地。

　　從濱海潟湖，哈瑪星橫空出世成為新興街區。因地處火車站和國際商港要地，都市規劃、水電資源皆為最早規劃與建設，吸引金融、物流和旅運等業者進駐，創造就業、吸引移民，開啟城市發展的內需循環。1920年高雄州成立後，這裡成為各級地方政府的所在地。至1930年代，哈瑪星是高雄市的政治經濟中心，支廳、郡役所、街役場、市役所、車站及各大銀行、潮流店鋪均位在這裡，可說是高雄現代化的發源地之一。

↑1910-1912年間的哈瑪星與打狗港景觀
（本館藏：KH2022.019.0032）

↑填築前的哈瑪星，仍是一片水域
（典藏號：KH2003.003.154-0001）

↑甫填築完成的哈瑪星（典藏號：KH2022.019.0002）

華麗轉身的打狗港──邁向國際大港之路

浴火重生

　　1941年12月，太平洋戰爭爆發引發日、美戰火，戰爭的陰影籠罩高雄。戰爭末期，日本制空權喪失，盟軍軍機頻繁飛臨高雄上空，高雄港區及周邊開始不斷受到空襲。據總督府統計，戰爭結束之時，高雄港內及內港錨地計有沉船191艘，169棟港區宿舍及倉庫被轟炸到剩30棟，港口機能幾乎癱瘓。

　　戰後初期，政府為求港口機能快速恢復，1947年制定《打撈沈船辦法》，規定除了軍艦與軍品之外，港口沉沒船隻得歸打撈商人所有，以此鼓勵民間業者加入打撈工作。此後，民間沈船打撈公司相繼成立，投入清港、打撈工作，亦埋下舊船解體工業（俗稱拆船業）發展的種子。報廢的船體鋼板是當時鋼鐵機械工業的重要原料，拆船業和煉鋼廠互為一體，唐榮鐵工廠就是典型。

1956年間的唐榮鐵工廠拆船碼頭（典藏號：KH2012.006.101）

1950年代初期，首先以從中國大陸轉進臺灣的撤臺江輪為拆解物件，自1952年之後高雄港開始發展拆解汰舊國輪。1961年之後，即有兩家鋼鐵公司自備外匯進口輪船進行拆解。至此，高雄港拆船業便正式踏上進口舊船來拆解的新階段。1969年，臺灣便繼日本和香港之後，接下「拆船王國」的桂冠，全盛時期擁有萬餘名工人。

　　廢棄船隻勢必得有碼頭停靠，業者才能拆解，因而有所謂的拆船碼頭。初期為新濱碼頭，1958年至1961年間移轉至11、12號碼頭以及三號船渠，1972年之後高雄港擴建至小港區，也隨著移轉到大仁宮和紅毛港，特別是大仁宮碼頭被規劃為拆船專區，是當時全球最大、最專業的拆船集中區。拆船業除了船隻解體所得鋼板之外，解體船隻的每個部件，幾乎都有其獨特的市場買家；在高關稅高管制的時代，解體船隻所得二手貨也就成為舶來品的重要來源，部分零件家具流入下游，形成鹽埕區公園路的大五金、建國路的廢船家具等產業聚落。下圖「輪船舵輪」是本館典藏的數十件船舶文物之一，有不少船舶文物係取自於高雄港拆解的船體零件，見證了高雄曾經興盛的拆船王國歲月。

　　不過，拆船業終究是高污染、高危險的行業，當臺灣環保和勞權意識開始抬頭，拆船業也受到挑戰。1986年8月11日，大仁宮碼頭拆解卡納莉號（Canari）發生大爆炸，造成嚴重傷亡，為拆船業敲響警鐘。1989年5月1日，高雄港務局收回大仁宮拆船碼頭，次年，還來不及解體的波多公主號被拖離高雄港，拆船王國從此走入歷史。

🔊 **輪船舵輪**（典藏號：KH2004.001.039）
本館典藏的數十件船舶文物，有不少船舶文物係取自於高雄港拆解的船體零件，見證了高雄曾經興盛的拆船王國歲月。

1950年代前期，高雄港的基本機能大致恢復。在預期未來貿易量增加需求下，臺灣獲得美援支持，於1958年展開12年港灣擴建計畫。

　　港口擴建工程最終提早近兩年於1968年完工。主要成果為將港區往高雄港東擴張，包括浚深航道、填築土地、建造碼頭等。而浚深航道所挖出的泥沙被利用來填築岸邊淺水地區土地。總計填出包括中島在內四大區塊的海埔新生地，總面積544公頃。這些土地，後來分別開闢為加工出口區、前鎮漁港，以及數個貨櫃碼頭，為日後高雄出口貿易、工業、漁業發展及貨櫃運輸開啟新頁。

1967年高雄加工出口區員工作業留影（典藏號：KH2002.018.163）

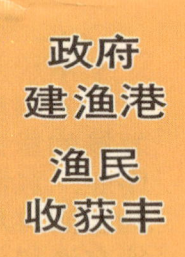

前鎮對中國大陸的宣傳單（典藏號：KH2022.017.0006）
1960年代兩岸關係從熱戰轉向冷戰對峙時期，此為兩岸對峙時期臺灣政府對中國大陸漁民統戰的宣傳單。主要交由漁民出海時對中國大陸漁船發放，傳單還設計防水功能，其中前鎮漁港被列為主要的宣傳重點。前鎮漁港位於第二、第三貨櫃中心海埔新生地間灘地，1968年4月12日啟用，是臺灣停泊漁船噸級最大、漁獲量最多之遠洋漁港，有魚市場及加水、加冰、加油及漁業相關工廠等公民營設施，是12年港灣擴建計畫下重要的建設成果。港內以停泊鮪釣、魷釣及拖網等遠洋漁船為主。

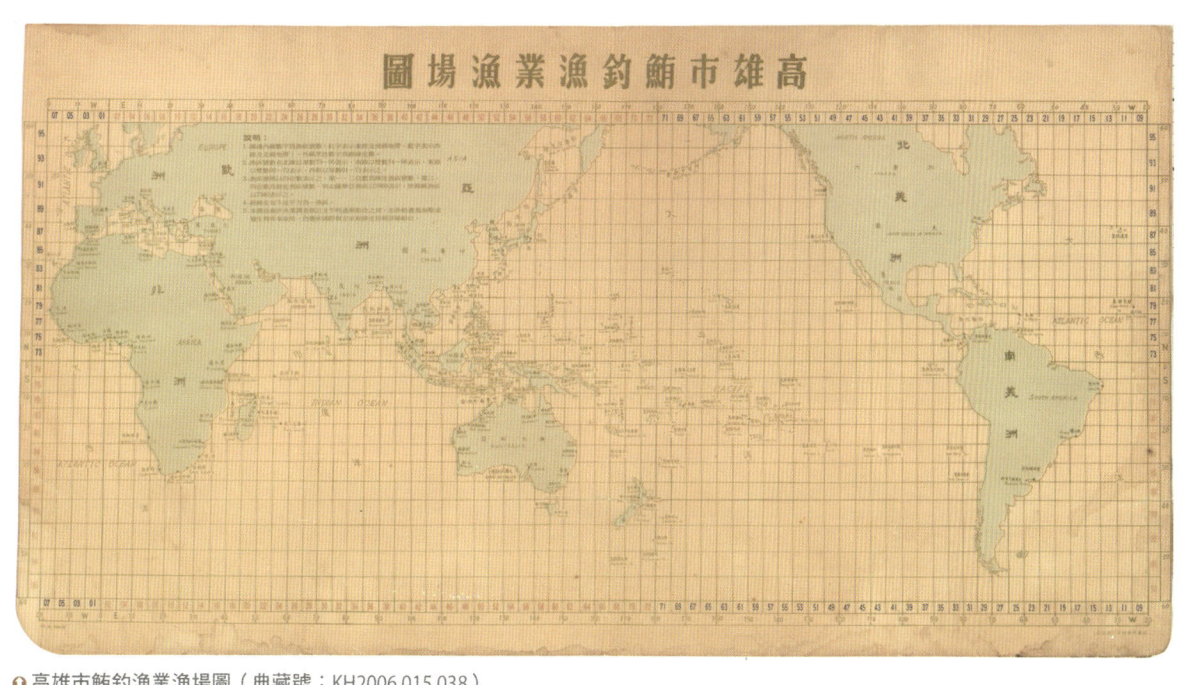

🔹 高雄市鮪釣漁業漁場圖（典藏號：KH2006.015.038）
　此項地圖由高雄市政府印製，用以提供漁業調查統計及平時通報漁船位置之用。

港口的現在進行式

　　1960年代前期，標準化貨櫃開始被廣泛運用在船運上，這股貨櫃潮流很快現身高雄。1960年代後期完工的港口擴建及籌畫中的第二港口計畫，意外地成為因應世界貨櫃革命的前瞻建設。1968年完成的港口擴建計畫，填築出來的海埔新生地，部分土地在1970年代分別闢建為第一（中島商港區）、第二（前鎮商港區）、第三（小港商港區）貨櫃中心，總計可以儲放32,500個20呎標準貨櫃。

　　另外，政府選定在旗津半島「崩隙」地區開闢的第二港口，是以7.5萬輪船通行標準而興建，有效寬度160公尺，低潮水深14公尺。1975年通航後，順勢取代航道狹窄且水淺的第一港口，迎接大貨櫃時代。

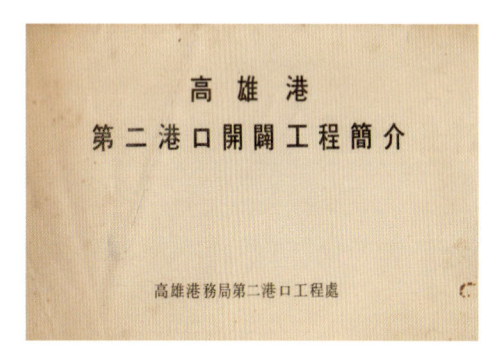

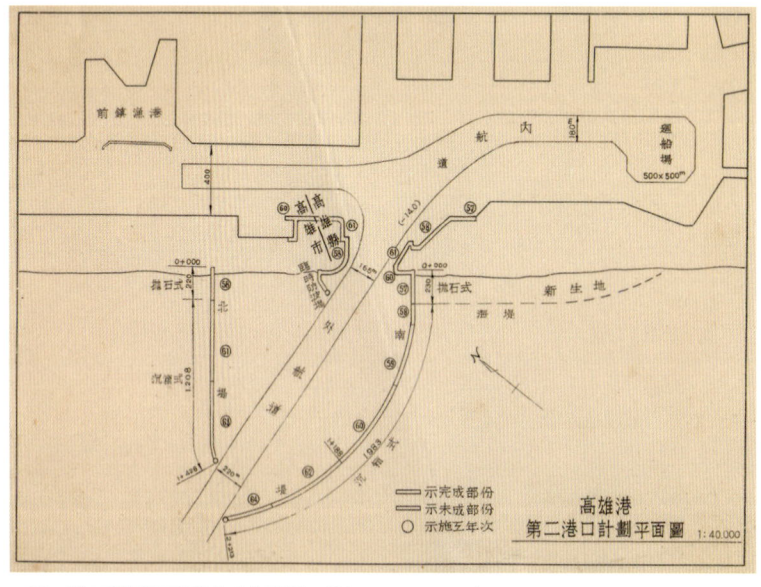

第二港口開闢工程簡介（典藏號：KH2021.063.0001）
《高雄港第二港口開闢工程簡介》記載了第二港口計畫緣起、標準、內容、經費及平面圖，可明瞭第二港口開闢的經緯。

不過,開闢第二港口也讓旗津由半島變成孤島,加上政府要在旗津設立第四貨櫃中心,為便利貨櫃陸上運輸,因而規劃自高雄市新生路經前鎮漁港與第三貨櫃中心間的漁港南三路直達旗津第四貨櫃中心之過港隧道。隧道於1981年5月13日開工,1984年5月18日完工通車。隧道本體含引道全長1,550公尺,是臺灣唯一的水底公路隧道。

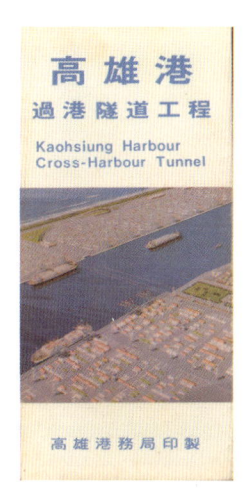

◎ 過港隧道工程介紹摺頁(典藏號:KH2021.007.0007)
高雄港務局為了向外賓介紹過港隧道,印製相關文宣,內容包括過港隧道興建緣起、位置、設計標準、工程內容及經費,是了解過港隧道興建背景及工程概要的重要資料。

與海爭地的南星計畫

自19世紀中葉開港以來,高雄港許多次的擴張,大抵都是不斷地與海爭地。南星計畫是1980年代提出的港灣南側填海造陸計畫,材料來自於處理成無害狀態的建築及工業廢棄物,填築面積預計300公頃,由陸地向外海延伸約三公里。填出的土地被規劃為自由貿易港區,包括興建洲際貨櫃中心(已完成第六、第七貨櫃中心)、倉儲物流區及產業專業區,以因應全球運籌管理、貿易自由化及國際化等經營模式,爭取高雄港商機,提供國家競爭力。

⊃ 南星計畫勒石(典藏號：KH2019.021.252)

① 南星計畫填築出來的大林蒲海濱公園(典藏號：KH2018.012.021)

時至今日,貨櫃碼頭興築仍是高雄港建設的現在進行式,且因應船隻噸位不斷變大、增重,貨櫃碼頭的水深及處理貨櫃能力也不斷增加。2023年5月最新完工的第七貨櫃碼頭中心,能提供五艘超級貨櫃輪船同時停泊,更是臺灣首座全自動化貨櫃基地。

　　百年來,高雄是個依港而生的城市,港口與城市相互依存發展。戰後因著管理機關的不同及國家安全考量,港市間築起一道高牆,阻絕了兩者的對話,也隔離了市民對港灣凝望的渴望。時序來到21世紀前後,高雄港空間開始解嚴,高牆拆除,港口與城市的紋理重新縫合。無論是一再蛻變的舊港區,還是傳統產業轉型的新灣區,抑或是與海爭地的洲際貨櫃中心,都引領著城市浪潮不斷前進。未來,期待港口與城市有更精彩的對話,碰撞出港都絢爛的新風貌。

🎧 1960年代正在進行擴港工程的高雄港(臺灣港務公司高雄港務分公司提供)
　　十二年擴港工程奠定了今日高雄港規模,圖中可清楚見到主航道與新填築的高雄中島商港區。

工業城市的印象──
高雄工業發展的始末

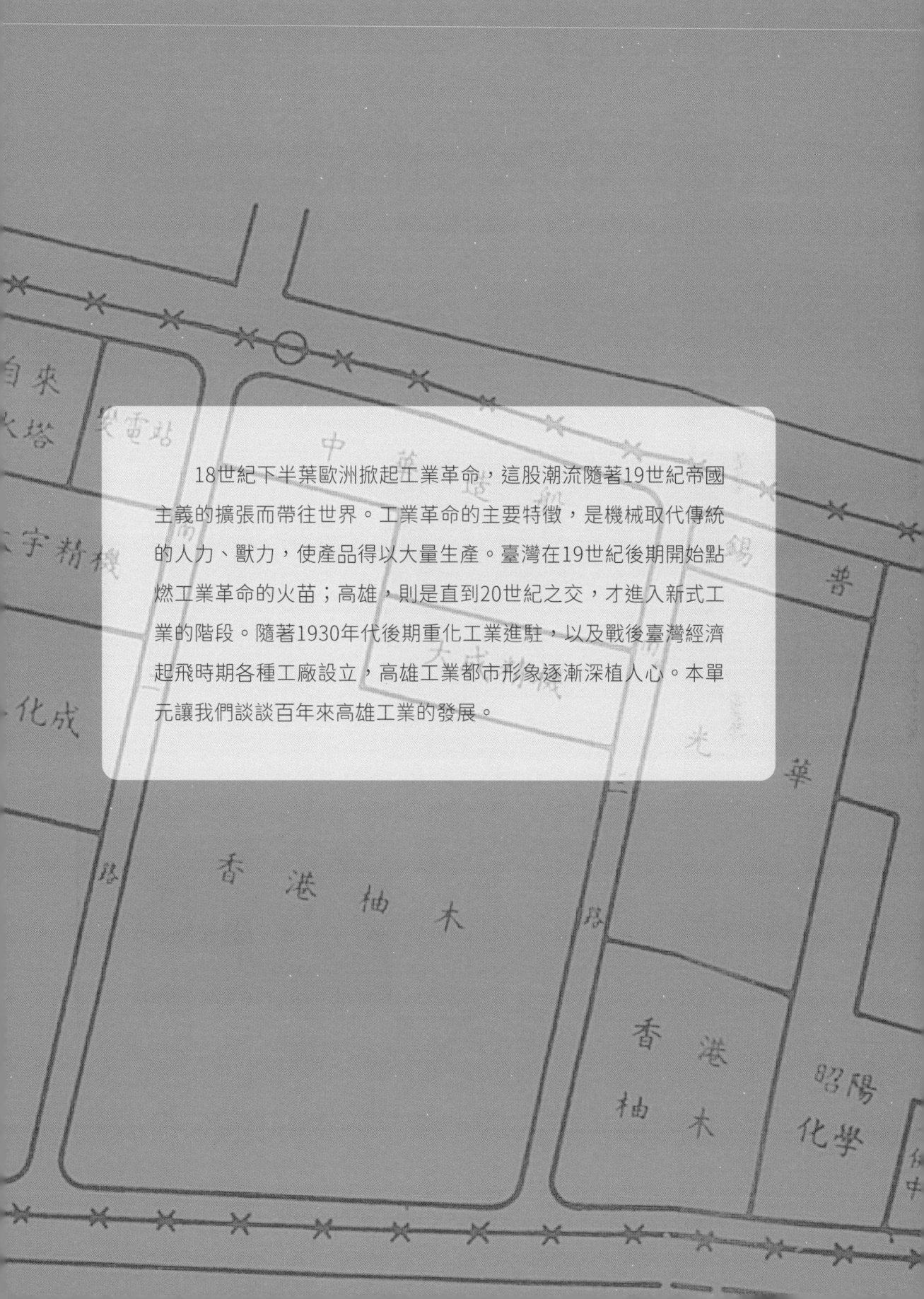

18世紀下半葉歐洲掀起工業革命，這股潮流隨著19世紀帝國主義的擴張而帶往世界。工業革命的主要特徵，是機械取代傳統的人力、獸力，使產品得以大量生產。臺灣在19世紀後期開始點燃工業革命的火苗；高雄，則是直到20世紀之交，才進入新式工業的階段。隨著1930年代後期重化工業進駐，以及戰後臺灣經濟起飛時期各種工廠設立，高雄工業都市形象逐漸深植人心。本單元讓我們談談百年來高雄工業的發展。

新式工業的萌芽

　　高雄早期向來給人「工業城市」的印象。1901年，臺灣製糖株式會社在橋頭設立臺灣第一座新式糖廠，高雄開始與工業近代化結下不解之緣。橋頭糖廠不僅是高雄第一座近代化工廠，其應用糖蜜製造副產品的酒精工廠，也是臺灣第一間化學工廠；而以糖廠需求為前提擬定的打狗築港計畫，更是影響高雄往後發展甚鉅。

🔹 **臺灣製糖株式會社發行的《創立十五週年記念》寫真帖**（典藏號：KH2003.008.182-0001）
　臺灣製糖株式會社於創立15週年發行寫真帖，收錄了1900至1915年間該會社創立初期的老照片，包括位於高雄的橋仔頭製糖所、後壁林製糖所、農場及打狗港區的倉庫和碼頭，均是超過百年的珍貴影像。

典藏高雄：高雄市百年物語

🔊 **臺灣製糖株式會社酒精木箱（典藏號：KH2021.053.0004）**
橋仔頭糖廠不只是臺灣第一間新式糖廠，也擁有第一間酒精工廠，木箱中央的「Ⓢ」圖案是會社商標，側面TS是臺灣製糖的英文縮寫。

日治前期,高雄的工業性格尚不明顯,較重要的工廠大致沿著打狗川(今愛河)分布。如位於三塊厝的鮫島商行煉瓦工場、南興公司精米工場、南部製酒會社工場、臺灣製罐高雄工場;位於打狗山下內惟臨打狗川支流的淺野水泥株式會社打狗工場;位於鹽埕臨打狗川右岸的臺灣肥料工場等。其他尚有位於港口附近的臺灣鐵工所,以及市區周邊的幾間鳳梨罐頭工場和糖廠。

🎧 臺灣煉瓦株式會社生產的 TR 磚(典藏號:KH2010.009.002-0003A)
　　臺灣煉瓦株式會社是日治時期臺灣最大的煉瓦會社,其生產的「TR磚」因磚面上有「T.R」字樣而得名,TR為日語發音Taiwn Renga的縮寫,底面壓印網狀紋路,亦為其特色。臺灣煉瓦打狗工場位於三塊厝,前身是1899成立的鮫島商行煉瓦工場。1903年,由後宮信太郎接手商行,並引進新式的霍夫曼窯。1913年,後宮將事業擴大改組為臺灣煉瓦株式會社,日治中期以後成為臺灣最大的煉瓦會社。

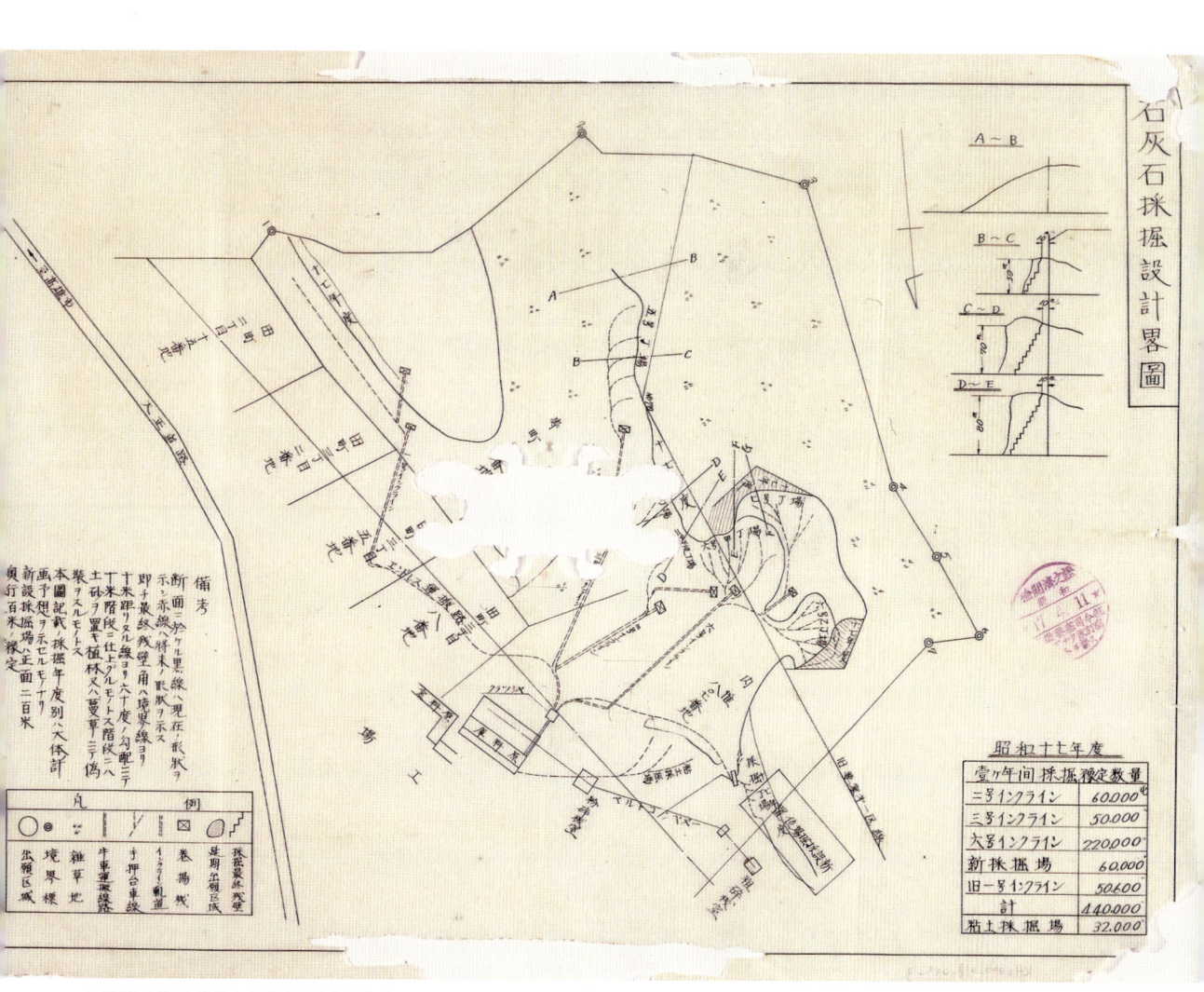

◉ 淺野水泥挖掘石灰石設計圖（典藏號：KH2006.018.013-0003）
此項設計略圖為1942年淺野水泥株式會社在壽山挖掘石灰石設計圖。圖面上除詳載了礦場範圍及各坑道、坑路、軌道位置外，還記載了該年度會社預估的各類型產品產量。

重工業的進駐與奠基

　　1930年代後期，日本軍國主義興起，高雄被定位為攻略南洋的南進基地，軍需和重化工業先後落腳高雄。1938年，高雄都市計畫導入現行土地分區利用概念，劃分二塊工業用地，一在西北部的內惟、三塊厝；一在東南部的戲獅甲、前鎮。內惟、三塊厝工業用地如前述原本就是工廠分布地帶，戲獅甲、前鎮則是新的工業用地，但已有日本鋁株式會社率先進駐。

　　到日本統治結束為止，先後有14家會社在戲獅甲設立工廠，雖然大多數工廠運作時間只有短短數年，就隨著二戰日本戰敗而結束，但工業地帶的設定、廠房的遺留及製造方法，都影響到戰後。如，日本鋁株式會社變為臺灣鋁業公司；臺灣鐵工所變為臺灣機械公司；旭電化工業株式會社變成臺灣ㄨ業公司等。

　　另在北高雄，因應左營軍港建立，北高雄亦有日本海軍第六燃料廠創設。二戰後，海軍第六燃料廠成為中國石油公司在臺灣的「起家厝」——高雄煉油廠，影響戰後石化業發展甚鉅。高雄工業之都的定位在日治後期正式奠定。

　　此外，日治時期較早設立的工廠，也有不少延續到二戰後持續發展。如，淺野水泥株式會社變成臺灣水泥公司；民營製糖會社全數變為公營的臺灣糖業公司；三塊厝煉瓦工廠在戰後一度由公營工礦公司經營，1957年標售給唐榮鐵工廠成為其轄下的中都磚窯廠等。

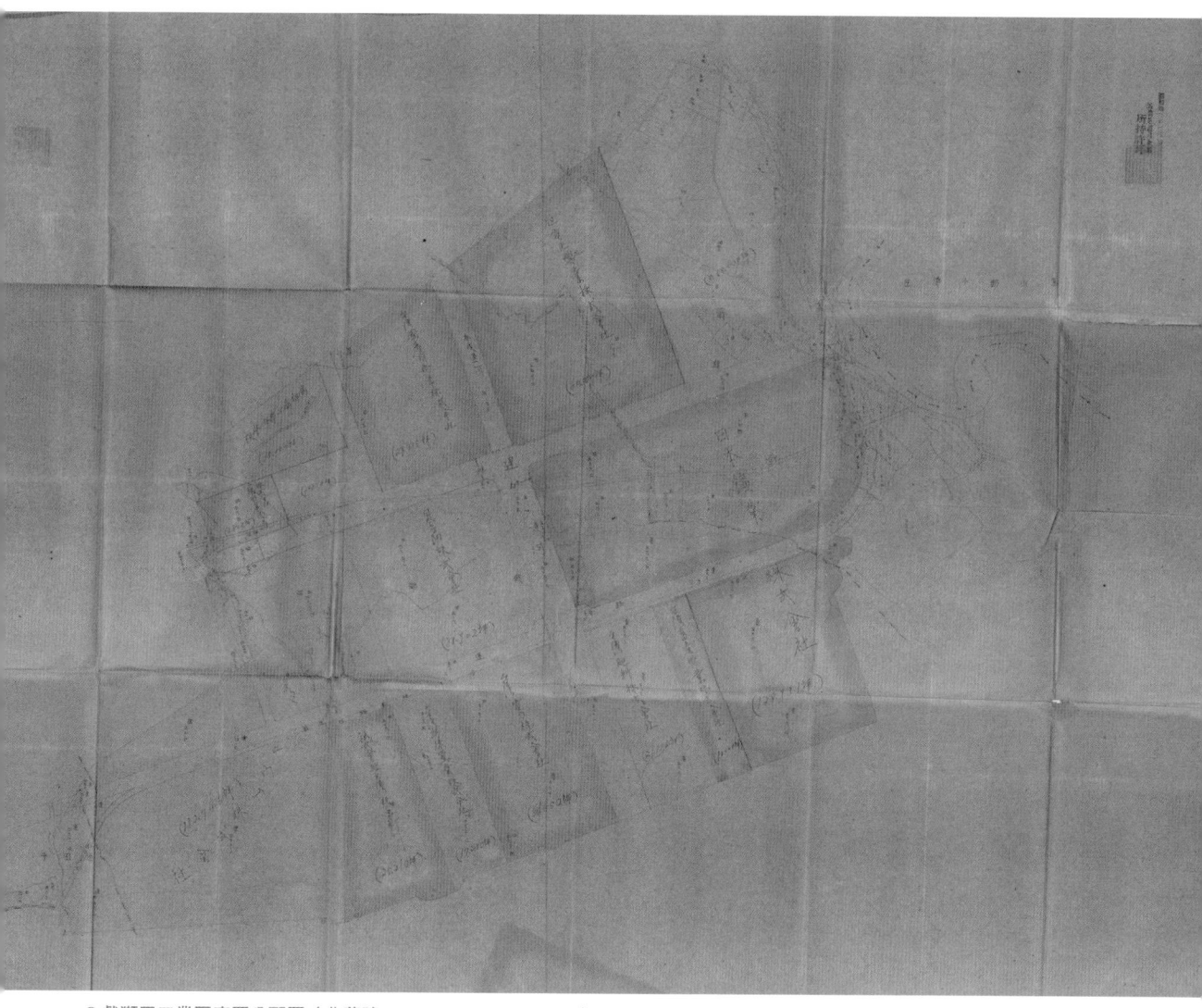

◯ 戲獅甲工業區廠區分配圖（典藏號：KH2020.019.0334-0018）
本館典藏的《鳳山地政史料》中，出現有戲獅甲重工業帶早期工廠分布情形。圖上詳載了1942年戲獅甲一帶各工廠分布的相關位置、面積及周遭地理環境，是罕見的日治末期戲獅甲工業帶地圖。

工業城市的印象── 高雄工業發展的始末

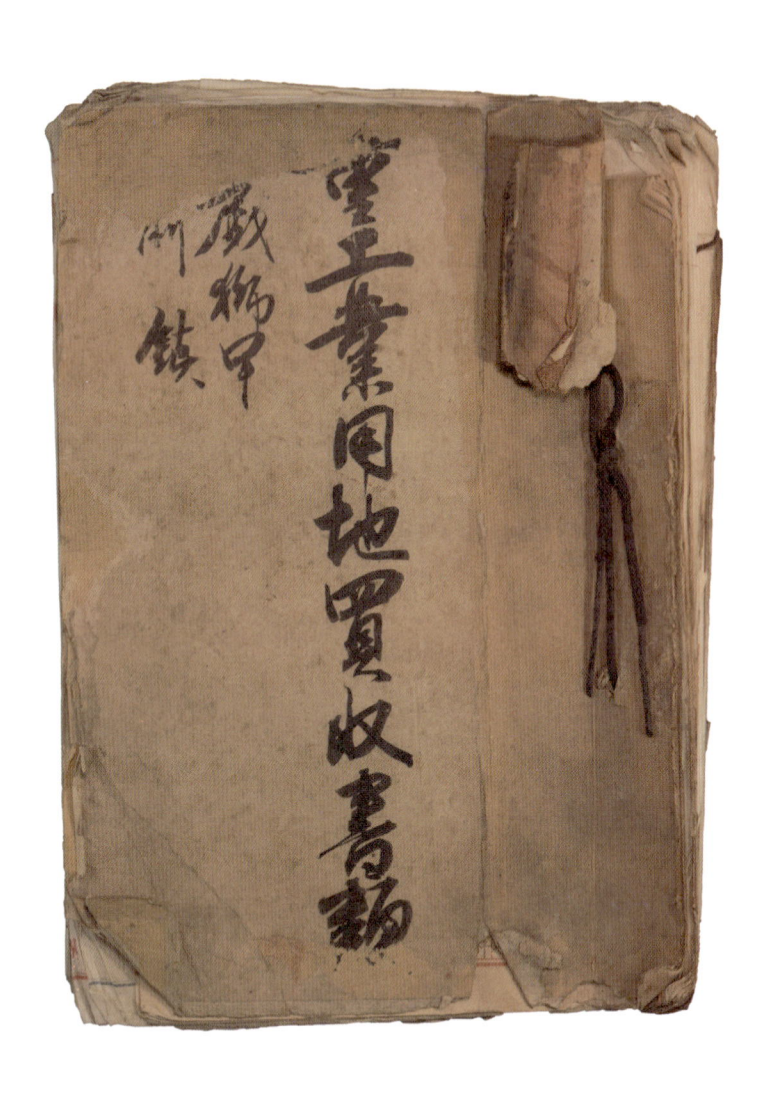

🔸 前鎮、戲獅甲重工業用地買收書類（典藏號：KH2020.019.0080）

　　本館典藏的《鳳山地政史料》中有著不少戲獅甲工業地帶土地交易、買賣情形，此件為工業用地買收書類，內容收錄日治後期戲獅甲重工業地帶用地徵收資料，包括原地主姓名、補償費用、買收協議及徵收緣由等，是戲獅甲重工業地帶形成時期的重要史料。

河堤與美術館社區的前世

　　日治後期第二期築港計畫的疏浚，今建國橋至出海口的愛河下游成為小型汽船可以航行、停泊的內港碼頭。戰後初期，政府開始扶植木材加工業，鼓勵業者從東南亞進口原木，在臺灣加工後輸出，以賺取外匯。擁有鄰近高雄港地利與航運之便，且分布大小埤塘可以貯放木材的愛河下游，成為許多合板工廠設廠首選。極盛時期，全國有將近2/3的合板工廠設在高雄，其中規模最大的是發跡嘉義的林商號，一度是全國最大的合板工廠。小汽船拖著上百根的原木航行於愛河，是許多生活在1950、60年代老高雄人對愛河深刻印象。

　　愛河中下游的木材加工業固然為高雄帶來許多就業機會，但也帶來污染。1990年，高雄市政府宣布禁止利用愛河運輸原木，使工廠成本大幅提高，加上國際市場對於原木物料管控，廠家取得原料日漸困難，難以與國外市場競爭，合板工廠紛紛外移或關廠。遺留下來的大片土地，許多成為日後高雄市擴張住宅區的用地。如，沿著愛河建立的河堤社區部分區域，原來是王永慶與友人共同投資成立的朝陽木業公司廠區；位於美術館南側沿馬卡道路到愛河畔的區域，原來是林商號設立的數個工廠。也有部分用地轉化成溼地公園，如，中都溼地公園曾經是亞洲合板工廠和林商號工廠的貯木池。

◎ 林商號的工廠與原木（典藏號：KH2009.003.012）

◎ 1970年代愛河上拖著原木的汽船
（典藏號：KH2015.004.244）

經濟奇蹟的大功臣

　　1960年代，戰後嬰兒潮開始投入職場。為解決農村勞力過剩且促進產業升級，配合高雄港擴港工程擬定的南部工業區開發計畫應運而生，加工出口區設立是其中的亮點。加工出口區制度是藉廉價勞工吸引僑、外資勞力密集產業來臺設廠。生產產品全數外銷，既可解決失業，又可學習高階技術，且不打擊國內產業。

　　1966年12月3日，高雄加工出口區成立於高雄港區的中島，為全球第1個加工出口區。1969年，加工區成功經驗複製到楠梓，成立第二個加工出口區。加工區引進的產業類型以電子零組件製品和成衣紡織品兩項最多，且不乏國際知名廠牌，對臺灣產業升級帶來莫大助益。同時，勞力密集產業提供大量就業機會，也吸引大量他縣市人口移居高雄，使高雄城市規模擴張迅速。

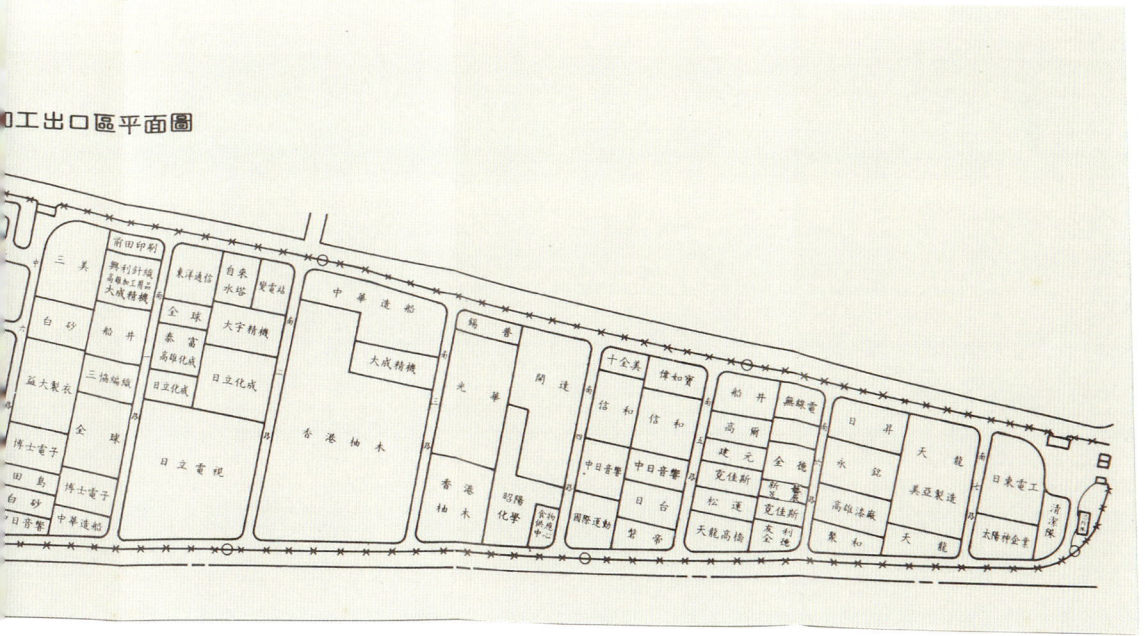

🎧 加工出口區外銷事業名錄（典藏號：KH2006.016.094）
　本件1988年10月編印之名錄中，內含廠區配置圖，可了解中島加工出口區廠商進駐情形及產業分析。

工業城市的印象—— 高雄工業發展的始末

1960年代後期，以戲獅甲、前鎮、草衙為中心前兩期南部工業區開發大致完成。與此同時，小港機場的啟用及大造船廠、大煉鋼廠之籌建，使經濟部決定將南部工業區往南擴展，把臺糖小港糖廠為中心的一千多公頃土地納入。1970年，南部工業區更名為臨海工業區，持續開發。1977年，全區開發完成，是目前臺灣已開發完成工業區中面積最廣大者，區域內有名列十大建設的大造船廠、大煉鋼廠，南北高速公路的尾端也設在此處，配合煉油廠、發電廠設立，使臨海工業區成為臺灣金屬工業重鎮，臺灣機械公司、唐榮鐵工廠均增廠於此，其後亦吸引造船、遊艇等產業聚集。工業區擁有四、五百間廠商進駐，創造可觀的產值與就業機會，帶動前鎮、小港地區快速發展。

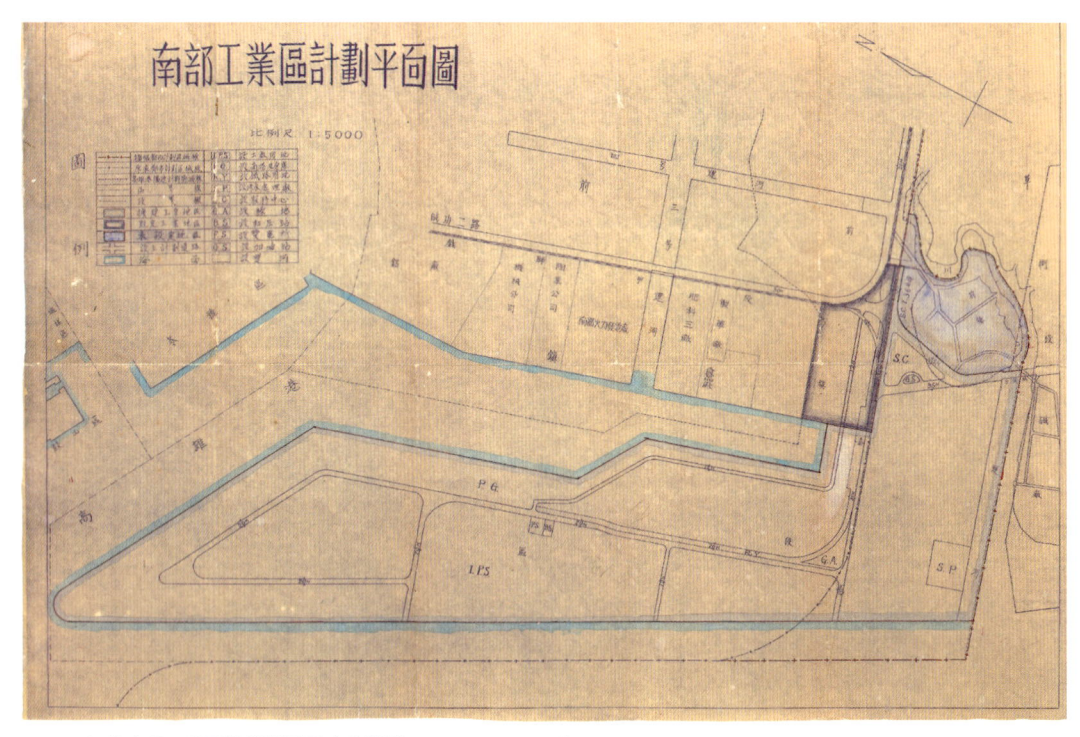

🔊 1960年代南部工業區計畫平面圖（典藏號：KH2006.020.025）
本件平面圖上詳繪了前鎮運河及原十字運河一帶廠區的規劃，是戰後臨海工業區規劃前期的地圖。此時期中島商港區亦處於正在填築的階段。

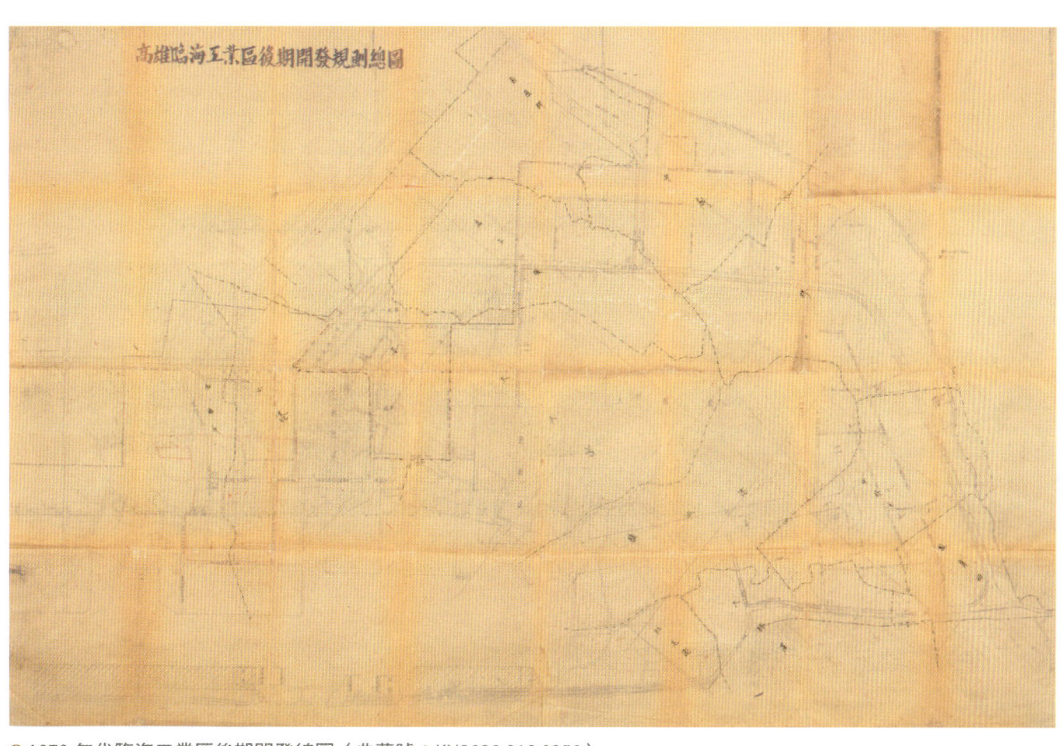

◯ 1970 年代臨海工業區後期開發總圖（典藏號：KH2020.019.0350）
本件為1970年代臨海工業區後期（第三、四期）規劃的平面圖。與上圖搭配構成時間連貫、空間連續的臨海工業區整體開發全貌地圖。

臺灣機械公司高雄船舶工廠冷焊工場銘牌（典藏號：KH2017.014.001）
臺灣機械公司前身是日治時期設立的臺灣鐵工所，船舶工廠則是原位於戲獅甲的臺灣鐵工所東工廠，戰後1950年代改為船舶工廠，後移往造船產業群聚的臨海工業區。

十大建設另一個重工業項目石油化學工業也在高雄規劃兩處石化專區。一處是位在北高雄鄰近高雄煉油廠、台塑仁武廠的大社工業區（後與仁武工業區合併為仁大工業區）；一處是位在南高雄的林園工業區。十大建設的三個重工業項目均落腳於高雄，加深了高雄工業都市的印記。

◎ 高雄煉油廠鑰匙圈（典藏號：KH2021.060.0001）
高雄煉油廠前身為日治時期日本海軍第六燃料廠，戰後由資源委員會中國石油公司接收，1960年代為推動臺灣石化業發展任務，於高雄煉油廠率先推動第一輕油裂解工廠，奠定石化業發展。然而，石化業的上游產業具高污染特質，因此煉油廠會製作公關品敦親睦鄰。

加工出口區女工的故事

　　1960、70年代，在子女接受完義務教育後，大多數家庭無法支持所有子女繼續深造，只能採取重點栽培的方式。而在傳統重男輕女觀念下，重點栽培的往往是男性，女性則只能放棄光宗耀祖的機會，提早投入職場，扮演賺錢貼補家用及支持哥哥或弟弟深造的角色。

　　因此，如加工出口區中的勞力密集產業，基層員工絕大部分是女性。她們多數原本都擁有自己的青春夢，卻得年紀輕輕進入工廠，窮盡人生最黃金歲月，每天重覆著單調的工作，賺取微薄工資來分擔家中經濟。1973年9月3日，高雄港區發生「高中六號沉船事件」，罹難的25人全數是10幾到20幾歲要趕往加工出口區上班的未婚女性，反映一幕勞動女性的悲歌。如果說，加工出口區為臺灣經濟奇蹟奠定基礎，加工出口區女工正是造就經濟奇蹟的無名英雄。

加工出口區的女工（典藏號：KH2002.018.157-0003）

高雄加工出口區特地為眾多女工興建宿舍。圖中執鏟者是時任經濟部長李國鼎，身旁站立者，為第二任高雄加工出口區管理處處長吳梅邨。（典藏號：KH2002.018.173-0003）

工業高雄，在臺灣錢淹腳目年代為人們帶來豐碩的經濟成長果實，卻也讓高雄人付出犧牲環境與生活品質的代價。1980、90年代，人民生活品質提高，勞權和環保意識逐漸高漲，加上臺灣加入經濟組織等因素，促使傳統製造業面臨挑戰，亟待轉型。

　　世紀之交，許多曾經活躍於高雄的工廠已然關閉或是遷移。新的高雄，無論是1990年代亞太營運中心下的多功能經貿園區，還是邁入21世紀的軟體園區，或是目前的亞洲新灣區，都象徵著高雄不斷在尋找最好的城市定位，工業高雄的蛻變是現在進行式。

戰爭歲月——
烽火下高雄人的身分轉變

1940年代的臺灣人面臨了世界戰爭迫近、政權轉換的身分轉換問題，使得一個世代臺灣人永遠得面對「二個祖國」的問題。1940年代初始，隨著太平洋戰爭的爆發，戰爭的腳步漸漸的打亂了臺灣人的日常生活節奏，防空、動員，到最後的疏開、躲空襲，臺灣人經歷了戰爭歲月的洗禮。然而，戰爭結束後，政權轉換的過程，不僅是政治權力的交接，更是直接使人民面對文化、語言及價值觀的衝突。因此，我們想透過典藏品，讓讀者們想像，1940年代的人們，如何經歷過戰爭歲月及政權轉換的過程。

一張公民宣誓登記證的故事

　　1946年,甫來臺辦理接收的國民政府,為了辦理臺灣省、市參議員等公職人員選舉,需要重新對於臺人辦理公民宣誓登記。登記為「公民」的民眾才被視為合格選民,能依法投票選出鄉鎮代表及區代表。選舉出來的區代表,進一步選舉縣市參議員,至於最高層級的省參議員,則由各縣市參議員投票選出。因此,二戰後,臺灣雖號稱實施地方自治,其實採取間接選舉產生民意代表。然而,高雄市卻是其中的少數個案,市參議員則是由經公民宣誓後的市民,直接選舉產生。

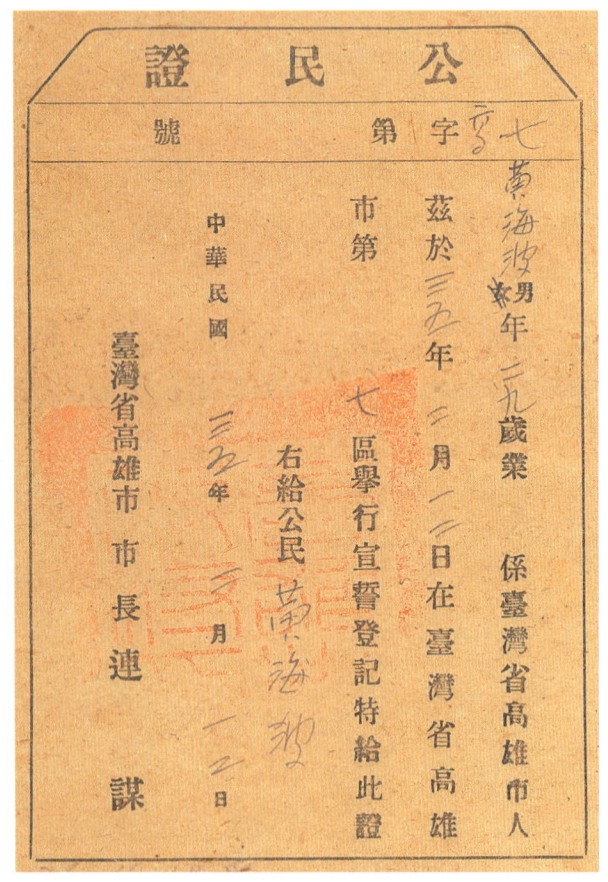

黃海波先生公民宣誓登記（典藏號:KH2003.003.093）
本館典藏旗津人黃海波先生於1946年2月經宣誓登記選舉的公民證。這文物成為見證1945至1946年間政權遞嬗過程的重要文件。然而,隱身在這份文件中,其實是更重要的時代背景,突顯了那個年代下臺灣人身分轉換的過程。

1945年二戰結束後，國民政府辦理接收，並派任臺灣省行政長官陳儀辦理全臺行政及兼管中央政府各部會於臺灣的接收工作。陳儀就任後發現臺灣百廢待舉，還得面對戰爭復原、恢復生產、日僑遣送、法規適用、語言轉換等的諸多挑戰。更有甚者，當時連「臺灣人民」究竟屬於戰勝國（中華民國籍）還是戰敗國（日本國籍），都處於一個混沌不明的狀況。直到隔年1月12日，行政院指示臺灣省行政長官公署，臺灣人歸屬中華民國籍，留滯海外的臺灣人身分才確認下來，足見當時接收工作的混亂程度。很多接收人員雖然在重慶多已受訓或了解臺灣的情況，但等到真正來臺後，才又依現況實情開展接收工作。

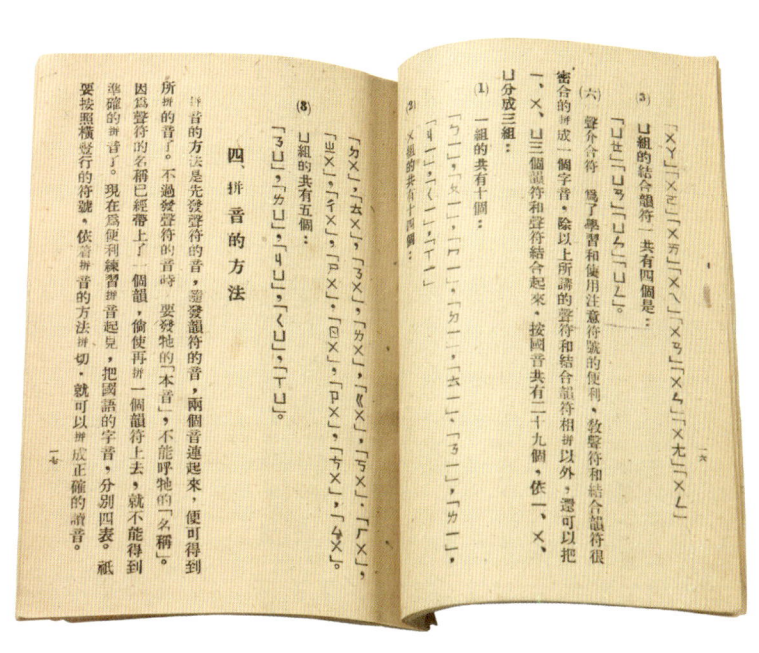

《注音符號》讀本（典藏號：KH2003.011.221）
　二戰後，臺灣人再度被要求接受新的「國語」，大家從學あいうえお，變成改學ㄅㄆㄇㄈ。本館典藏戰後初期臺灣省國語推行委員會編印的注音符號讀本，可說是見證時代與語言轉換的歷史文獻。

從日本人轉變為中華民國人，除了身分界定之外，更有語言及文化上的衝突。1946年4月臺灣行政長官公署公布〈臺灣省國語推行委員會組織規程〉，臺灣省國語推行委員會正式成立。黃海波的公民證和《注音符號》讀本，充分指出二戰後臺灣人面臨政權轉移的身分界定，以及語言甚或文化的衝擊與調適。

　　其實，同樣問題並非第一次。1895年臺灣因甲午戰爭遭割讓，當時，日本政府給臺灣人兩年時間選擇國籍，究竟要當日本人或中國人；在語文上，日本政府是從學校教育著手，初為國語傳習所，1898年又開設公學校，從小學生培養日本語文能力；而後頒布臺灣教育令，推動族群共學的基礎教育體制，如內地共學的國民教育。

　　不過進入1930年代，日本帝國擴張的野心也伴隨展現對臺灣人的認同。1937年盧溝橋事變引爆日中全面戰爭，同一時間，臺灣總督府配合國策，開始強化對臺灣人的國民精神訓練，企圖將臺灣人對於漢文化的認同抹去，打造「皇民化」的臺灣人。臺灣人的文化認同，總是隨著政權而不斷波動。

🔸《問答式皇民時局讀本》（典藏號：KH1999.008.018）
本館典藏1943年發行的《問答式皇民時局讀本》，主要內容在加強臺灣人對日本認同，效忠日本天皇，增進愛國精神。在皇民化時期類似的書籍不少，幾乎青年及學生都人手一本。

戰爭動員準備

　　皇民化同時也是爲了爲強化戰爭動員準備，日本政府於1938年頒布國家總動員法，隔年適用於臺灣、朝鮮等殖民地，其目的是只要國家因戰爭需求，可以調動及統制物資、能源、運輸及勞動力，以確保國民都能隨時投入總力戰中。1941年4月由臺灣總督府成立「皇民奉公會」，於臺北設立本部，並在各級行政機構中設立支部、市郡分會、部隊會、奉公班、青年團、壯丁團等，宣傳時局戰事的啓發、強化戰爭動員能力。

　　隨著太平洋戰事的爆發，日本陸續提出「大東亞共榮圈」的口號，臺灣更位於共榮圈的重要地位上。總督府進一步合併控制各種機構，從交通、礦業、農林業等各產業均進行統制及實施配給。

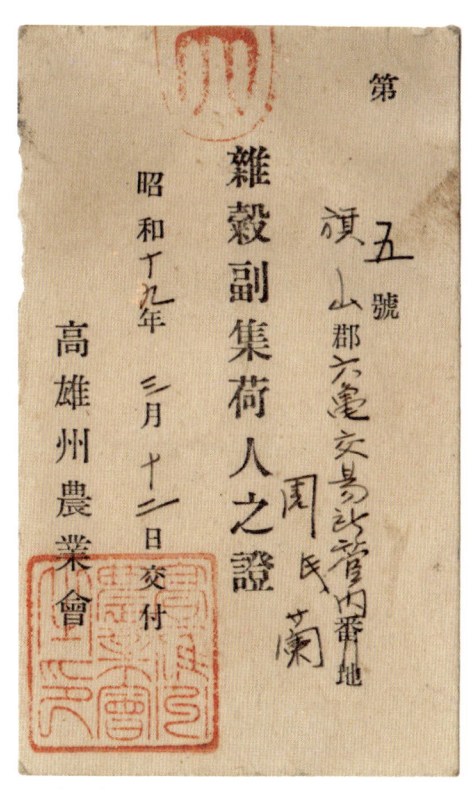

○ 周蘭負責徵收原住民糧食相關資料（典藏號：KH2020.002.0610）
2019年，本館發現了一批來自六龜漢蕃交易所的文獻資料中，看到經營漢蕃交易所的周蘭女士，在太平洋戰爭後期，也兼負糧食統制的角色。為其家族為配合戰爭進程做出不少被迫改變自身文化的而迎合時局的證據。

除了物質統制，戰爭動員準備也加強思想同化。在皇民化運動基礎上，總督府推行普及國語和改姓名運動。其中，國語常用家庭是總督府為獎勵家庭成員在家都講日語所採用的認定方法，主要採取申請制，通過申請者即成為國語家庭，可獲得證書、獎章及刻有「國語家庭」字樣的門牌。在戰爭時期，也成為臺灣總督府收攏臺籍人士的重要手段。

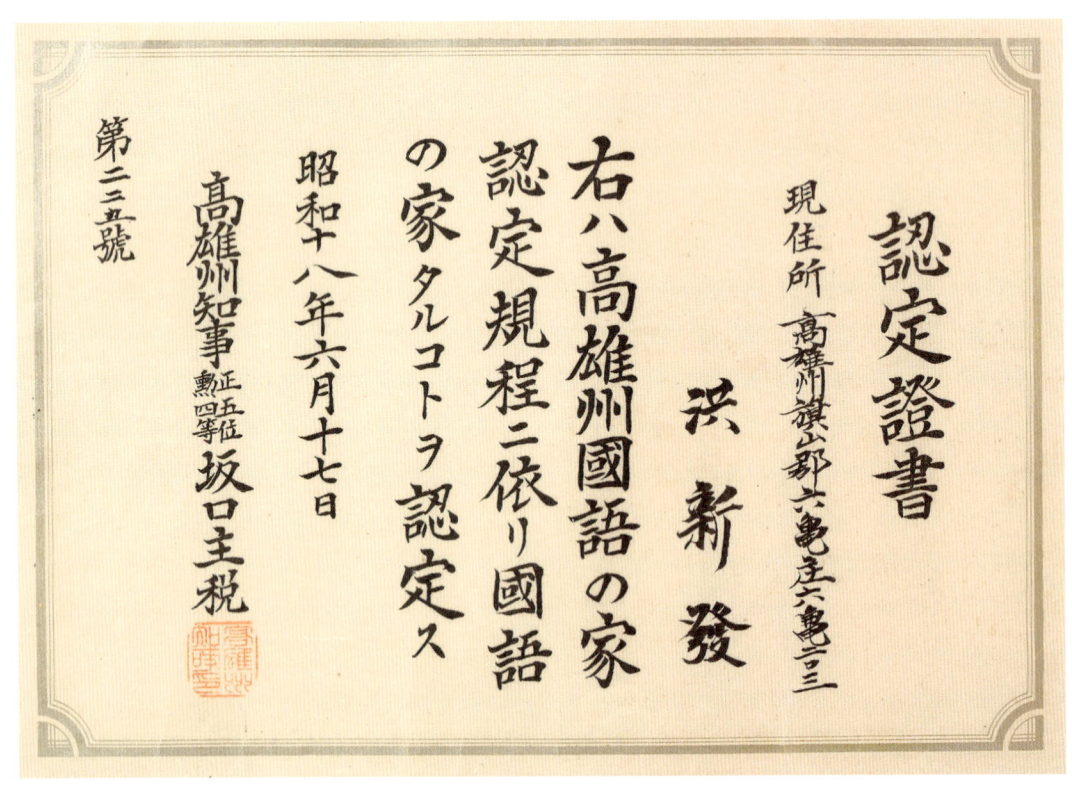

六龜洪家國語之家認定證書（典藏號：KH2020.002.0593）
1943年，六龜洪家被認定為國語之家，不但具有榮譽，且殖民政府也會給予一些實質的便利與優惠，如糧食配給較多、子女優先任公職等福利。

除推行國語家庭外，臺灣總督府於1940年2月11日開始發布戶口規則改正案，宣布實施改姓名運動，從內而外打造臺灣人成為眞正的日本人。然而，與朝鮮強迫改姓名不同的是臺灣是採行許可制，改姓名者必須是「國語家庭」才行，且必須由戶長提出申請；此外，規定申請改姓名者必須「具有努力涵養皇國民之資質的深厚意念，且富於公共之精神。」除了申請規則有所限制之外，對於能夠選用的日本式姓名亦有所限制，官方明令禁止四類：第一、歷代的御諱御名；第二，歷史上著名人物之姓氏；第三，與原本姓氏有關之中國地名；第四，其他不當之姓名。因此，日治時期改姓名符合資格的人並不多，根據學者的統計，約有12萬人左右參與改姓名運動，僅占當時臺灣600萬人口的2%。

六龜洪家見津原蘭子之章（典藏號：KH2019.019.497）
六龜梱源商店的店主周蘭女士及洪新發、洪能發在1944年9月之後，便將「洪」改名為「見津原」，周蘭改為「見津原蘭子」、大兒子為「見津原新平」，在六龜公學校任教的洪能發則改為「見津原能政」。

國語家庭、更改姓名都是文化行動上的轉化與認同，加入戰爭更是國家認同的實質行動。在1942年實施「陸軍特別志願兵」之前，臺人不具備有入伍當兵的資格。但基於戰爭需求，日本軍部開始在臺灣召募軍伕、雜役及熟悉中文的臺灣人擔任翻譯人員。隨著戰事延長，日本為擴充兵源，1942年對臺灣人實施志願兵制，召募臺灣人赴海外作戰，當時確實不少臺灣年輕子弟遠赴中國和東南亞島嶼參戰。此外，總督府徵調原住民組成「高砂義勇隊」遠赴東南亞戰區執行各種任務；亦有不少少年被徵調至日本航空廠打造飛機，成為少年工。據統計，日本帝國政府透過志願徵召的方式，號召超過10萬人投入所謂大東亞聖戰，大約有三萬人埋骨異鄉。1945年，臺灣首度實施徵兵制，全面徵召約六萬名義務役「役男」上戰場，不幸中的大幸是，這批役男還來不及投入戰場戰爭即結束，沒有成為戰爭的犧牲品。

🎧 **高雄神社前模型爆彈**（典藏號：KH2015.001.002）
本館典藏高雄神社前模型爆彈，於2015年4月於壽山上被民眾發現後移至高雄市立歷史博物館典藏，目前已被高雄市政府指定為一般古物。該件為1940年，海軍軍人及軍屬為慶祝皇紀二千六百年而奉獻模型爆彈於各地重要神社。當時日中戰爭已經爆發，以爆彈模型作為獻納神社的物品，可見戰爭的氣氛濃厚。

2008年5月20日，許昭榮先生以身自焚企圖喚醒政府對於臺籍老兵的重視。許昭榮曾擔任過日本海軍特別志願兵及中國民國海軍臺灣技術員兵，並前往上海、青島等地服務，後因「海軍臺獨案」而成為政治犯遭到迫害，許昭榮先生一生都在為臺籍軍人權益奮鬥，跟他相同遭遇的老兵，在日、中政權間轉移的臺灣兵，亦有不少。

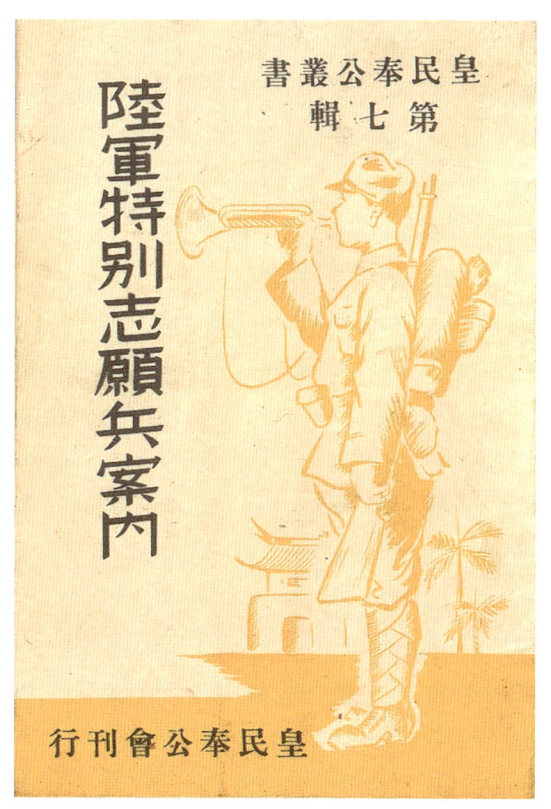

《陸軍特別志願兵案內》（典藏號：KH1999.004.109）
　　1942年，日本政府一改不讓臺灣漢人拿槍上戰場的原則，開始徵調陸軍特別志願兵。為達到宣傳效果，皇民奉公會特別印發《陸軍特別志願兵案內》，內容介紹志願兵資格、選考及訓練等資訊。

神社變身忠烈祠

　　日本統治臺灣，也引進日本傳統的神道教信仰。日治前期，日本在臺灣各地興建的神社並不多，且主要供在臺日人參拜，並不強迫臺人改變信仰。1930年代中期，臺灣逐漸進入戰爭體制，1934年，總督府提出「一街庄一神社」政策，不過直到日治時期終結，始終沒有達成政策目標。由於改信仰神道教，是讓臺灣漢人成為日本人的重要指標，因此，隨著二次大戰愈趨白熱化，臺灣人自願、非自願參拜神社的情況屢見不鮮。

　　在高雄，原本壽山有日治初期興建的金刀比羅神社，祭祀大物主神、崇德天皇，由打狗內地人組合管理，屬無社格神社，具有保佑航海安全的目的。1920年，打狗內地人組合解散，財產捐給官方，金刀比羅神社隨之改為打狗神社，同年，再隨地名改正而更名為高雄神社。1928年，神社遷到壽山半山腰，1932年，進一步從無格社升格為「縣社」，由地方政府出資負責祭祀活動，高雄神社因此成為高雄州地區神格最高的神社，現本館有典藏「高雄神社社號標」，見證神社升格過程，目前是高雄市指定的一般古物。

　　二戰後，神道信仰隨著日人離臺而消弭，高雄神社改為高雄忠烈祠。類似如此從神社變身為忠烈祠的情形並不罕見，除高雄外，臺灣神宮變身為臺北忠烈祠，桃園、苗栗、臺中、嘉義、臺南、阿緱（屏東）、臺東、花蓮港、宜蘭等地也都是如此。

○ 高雄神社（典藏號：KH2014.008.033）

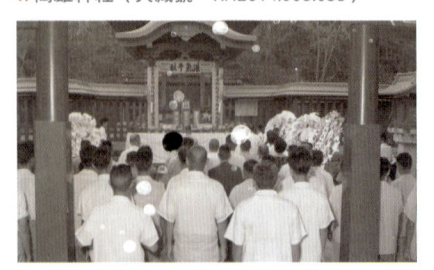

○ 高雄忠烈祠祭祀公祭情形
　（典藏號：KH2002.012.214）

○ 高雄神社社號標
　（典藏號：KH2021.002.0001）

躲空襲的日子

　　1942年，隨著中途島戰役的結束，日本獨占優勢的戰局遭到扭轉，盟軍逐漸在太平洋戰場中取得優勢。為了防止盟軍空襲造成損害，臺灣總督府不斷的透過奉公會、學校及社會組織宣傳防空的概念，一份來自1944年的《奉公防空群空常識講座》的刊物中，說明一旦遇有空襲時，民眾應如何進行防空編組的任務，刊物中還說明空襲警報、警鐘的敲法，燈火管制、防空服裝的穿著，戰時救護、滅火等各項任務分配，讓臺灣民眾逐漸感受到戰爭亦臨近於日常生活之中。

　　隨著盟軍接續攻克塞班島及菲律賓等地後，下一個攻擊的焦點被推測為擁有20萬日軍布署的臺灣島。臺灣總督府為避免因為空襲造成人員損害，於1944年6月頒布《過大稠密之都市住民疏散要綱》，將臺北、基隆、臺南、高雄四市指定為應疏散地。當時人在鹽埕埔的黃海波，回憶到自己就是被疏開（疏散）到楠梓，並利用空檔至慈雲寺聽廣播，也正是在那裡聽到了日本投降的天皇廣播。當時，高雄市區有不少人疏散到旗山、內門及燕巢一帶躲藏。連當時剛完工的海軍第六燃料廠，為躲避空襲，也曾在半屏山腳下開鑿洞窟將生產設備放入。

　　1944年10月12日至17日，全臺各地陸續遭到盟軍大規模的空襲，高雄的各軍事要點也是重要空襲地點，首當其衝的是高雄港埠，從12日開始至16日輪番遭到轟炸。高雄港10號碼頭、苓雅寮碼頭、倉庫群、高雄港站部分設施、機關車庫及岸壁倉庫皆有程度不一的毀壞。1945年1月後，盟軍空襲的腳步越發頻繁，密集且集中的轟炸高雄、岡山、東港等地的軍事設施、飛行場及港埠，許多官署、街屋住宅及公共設施均無法逃避盟軍轟炸的命運，如高雄港站、高雄郵便局、臺灣銀行、高雄州廳等均在空襲中遭受破壞。

● 空襲警報發布中的標語木牌（典藏號：KH2000.001.153）
日治時期警報發布的方式非常多元，除懸掛木牌外，還包括藉由廣播、警鐘、汽笛、太鼓、喇叭發出或敲出規定的聲響或節奏，高處懸掛紅白斜角各半的旗子，防空群成員沿街呼叫等。

依據臺灣總督府彙整的《臺灣空襲狀況集計》，1945年1月至6月，盟軍幾乎每日都派B-29、B-24等轟炸機向高雄地區投擲燒夷彈，造成程度不一的破壞。高雄市立歷史博物館一份來自鳳山地政事務所的日治時期建物臺帳（如下圖），清楚的紀錄1945年遭到轟炸損毀的公有建物情形，該份紀錄中可以分別看到州廳建物於1945年1月、知事官邸於1945年5月1日遭到炸毀，可清楚了解高雄州官有建物遭受空襲損毀的情形。因此躲空襲及媽祖接砲彈的傳說，幾乎就成為戰時一代臺灣人的共同記憶了。

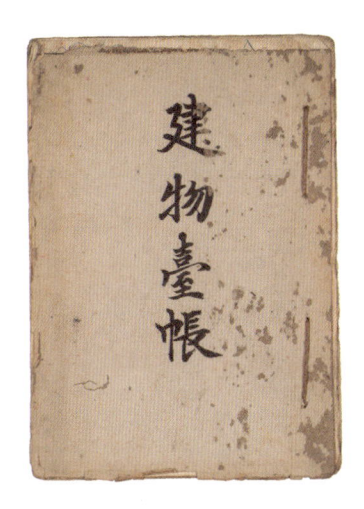

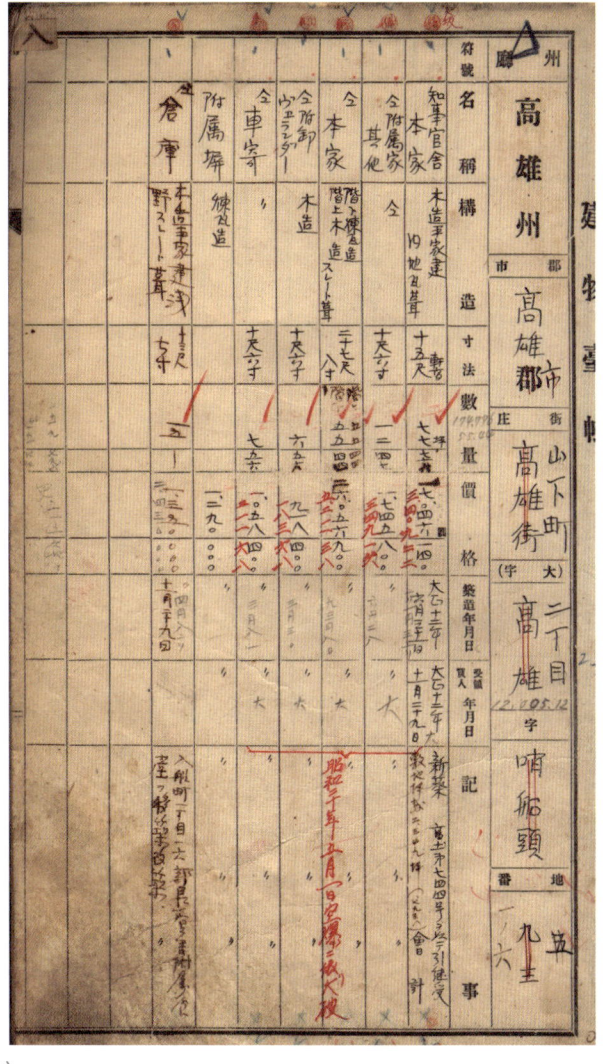

建物臺帳（典藏號：KH2020.019.0025）
本館典藏鳳山地政事務所留存日治時期文書中，高雄市的建物臺帳的內容詳細記載了官有建築是否遭受空襲破壞，以及破壞程度等資料。

那段戒嚴的時代——
爭取民主政治的高雄

戒嚴，通常是指國家處於戰爭或動亂狀態，可能危及國家安全時，政府或元首所發布的緊急處分命令。戒嚴本質是一種軍事接管，在戒嚴體制下，憲法賦予人民如集會遊行、行動、言論、出版等權利，都被有限度凍結。包括高雄在內，臺灣走過很長的戒嚴時代，在那個時代，許多人選擇順從、噤聲，以免惹禍上身，但也有人選擇勇敢發聲，爭取人民該享有的自由與民主。本單元將帶領讀者談談戒嚴時代屬於高雄的故事。

戒嚴的實施

　　戒嚴通常是指國家處於戰爭或動亂狀態，可能危及國家安全時，政府或元首所發布的緊急處分命令。戒嚴本質是一種軍事接管，在戒嚴體制下，憲法賦予人民如集會遊行、行動、言論、出版等權利，都被有限度凍結。

　　臺灣首度實行戒嚴是在二二八事件期間，大約維持兩個月即告解除。1949年，因國共戰局不利，中華民國中央政府打算撤退來臺，臺灣省政府主席陳誠宣告臺灣省於是年5月20日實施戒嚴。同年7月7日，代理總統李宗仁頒布全國戒嚴令，雖然當時臺灣被排除在戒嚴範圍內，但因先前頒布的省戒嚴令依然有效，臺灣仍處在戒嚴狀態。11月2日，行政院長閻錫山批准將臺灣納入全國戒嚴令範圍，省戒嚴令便由全國戒嚴令取代，直到1987年7月15日總統蔣經國解除臺灣地區戒嚴為止，惟金馬地區戒嚴仍持續。

　　總計，臺澎地區實施戒嚴時間長達38年（1949-1987），曾保持世界上戒嚴最久國家的紀錄，而身處國共戰爭前線的金門和馬祖，戒嚴時間更是長達44年（1948-1992）。直到進入21世紀，戒嚴紀錄才被敘利亞打破（1963-2011）。

　　戒嚴下的高雄，因擁有港口與要塞的關係，限制較其他地方為多。1949年戒嚴令甫公布，便與同樣擁有港口與基隆要塞的基隆實施「宵禁」，規定每日上午一時起至五時為宵禁時間，非經特別許可，一律斷絕交通。此後宵禁方式時嚴時弛。

○ 第四、五屆高雄市長陳啟川南部地區戒嚴通行證（典藏號：KH2021.005.0744）
戒嚴時期之通行證。經向南部地區警備司令部提出申請後核發，給予持證者在西部嘉義以南地區交通斷絕或空襲戒嚴時，人員和車輛通行之用。證上除須貼上持證者照片外，還得登載持證者的姓名、單位、職位、年齡、籍貫資料，以及座車車號及駕駛姓名。另還配置一把手槍，並且把槍枝型號寫在通行證上。

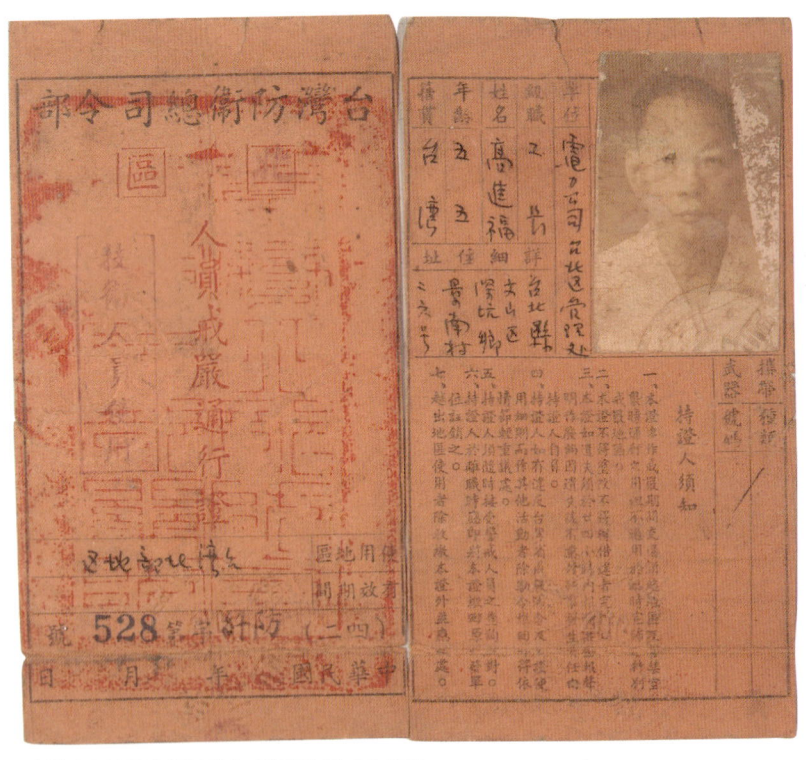

臺灣防衛總司令部核發之戒嚴通行證（典藏號：KH2000.001.219）

臺灣防衛總司令部是戒嚴時期最大情治機關臺灣警備總司令部的前身機關之一，成立於1950年，主要負責臺澎地區防衛任務。1958年，臺灣防衛總司令部與臺灣省保安司令部、臺灣省民防司令部、臺北衛戍司令部合併編成「臺灣警備總司令部」，機關裁撤。

戒嚴的生活日常

　　戒嚴時代,「反共」是最高國策,打著「反共」、「動員戡亂」之名而制定出來的法令,如「懲治叛亂條例」、「檢肅匪諜條例」,成為限制人民言論、出版、行動的緊箍咒,不慎誤犯政治禁忌,可能會失去自由而身陷囹圄,甚至犧牲寶貴生命。因此,許多人會選擇避談政治話題,以免踩到地雷。不過,就算刻意避開政治話題,仍避免不了反共的生活日常。像是查禁理由千奇百怪的禁歌、禁書,無所不在的反共標語,痛斥「共匪」邪惡的言論等。「反攻大陸解救同胞」、「光復國土還我河山」、「服從領袖完成革命」、「保密防諜人人有責」……,走過戒嚴時代的人,或許對這些標語都有似曾相識的感覺。

🄞 戰士授田憑據（典藏號：KH2000.001.227）

　　戰士授田憑據,又稱「戰士授田證」。其係源自1951年制訂的「反共抗俄戰士授田條例」,規定服役滿兩年的戰士或遺眷,待未來「光復大陸」後可授予田地,以穩定軍心。1956年開始發放戰士授田憑據。1980年代解嚴前後,眼看「光復大陸」遙遙無期,擁有授田證的榮民開始陳情,希望政府補償解決授田問題。1990年,政府公布「戰士授田憑據處理條例」,以若干補償金收回授田證。

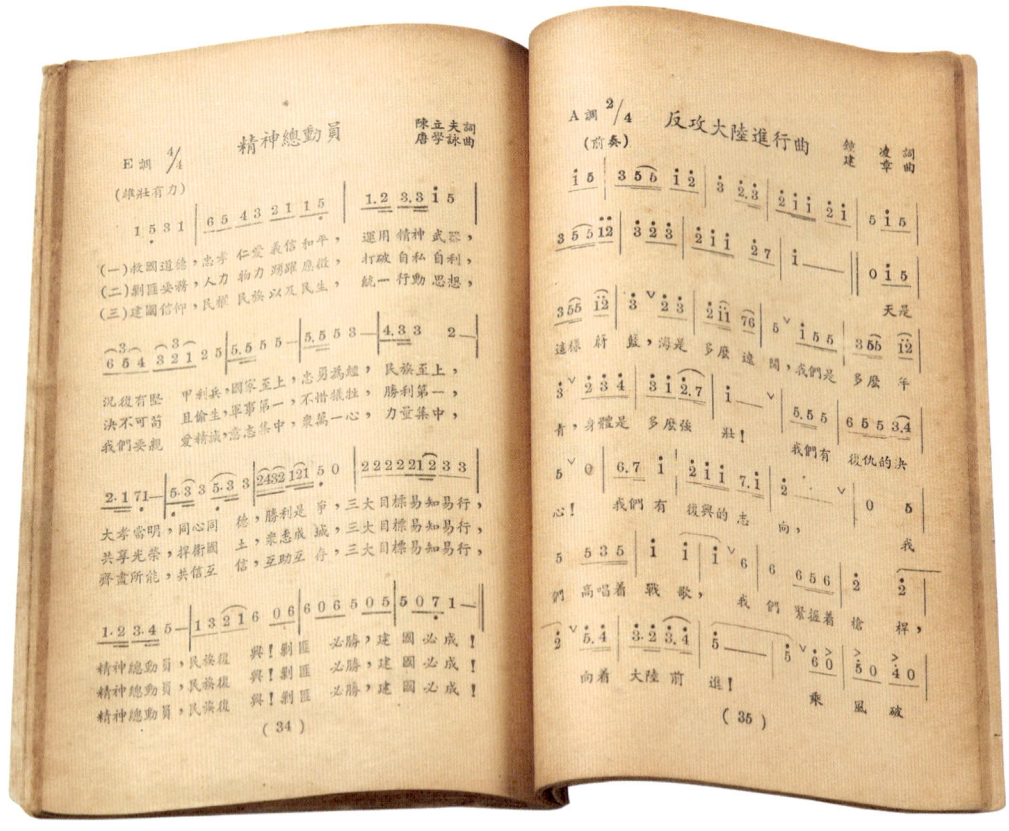

○ 反共抗俄歌曲集（典藏號：KH2006.016.077）

戒嚴時期有禁歌，相對也有政府大力提倡的時代歌曲和淨化歌曲。1950年，由臺灣省新聞處編印的《反共抗俄歌曲集》，將具有反共意象的歌編輯成冊，提供大眾傳唱，以強化民眾反共意識。

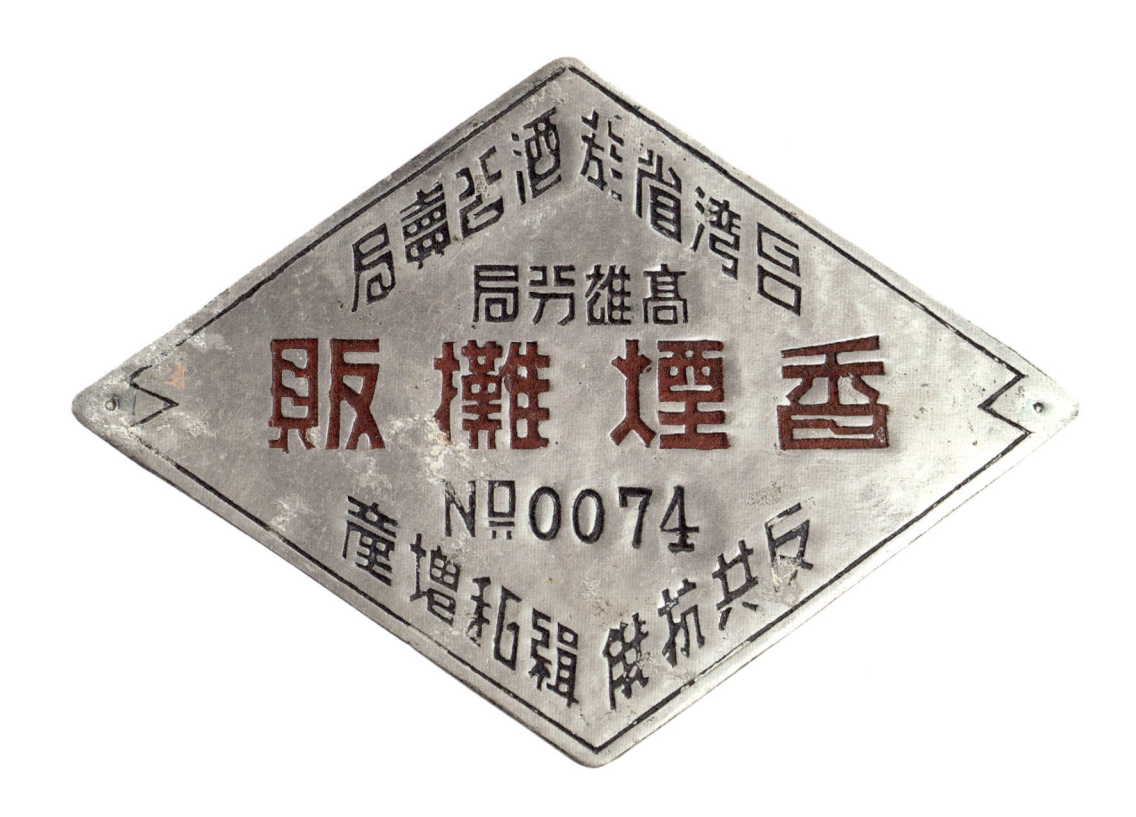

○ 香煙攤販牌（典藏號：KH2006.017.018）
二戰後臺灣省公賣局將香煙設為專賣品，不僅一般民間無法私製，販賣香煙時必須要有牌照，在牌照上面也能順便印上「反共抗俄 緝私增產」的標語。此件文物也為戒嚴時期反共標語無所不在的其中一項例子。

⭕ 鐵路行李托運吊牌（典藏號：KH2021.056.0007）
無所不在的反共標語也可在鐵路行李托運吊牌上見到。上面印了「同心協力，討毛反共！」、「打回大陸，解救同胞！」標語。其中「毛」指的是中共領導人毛澤東。

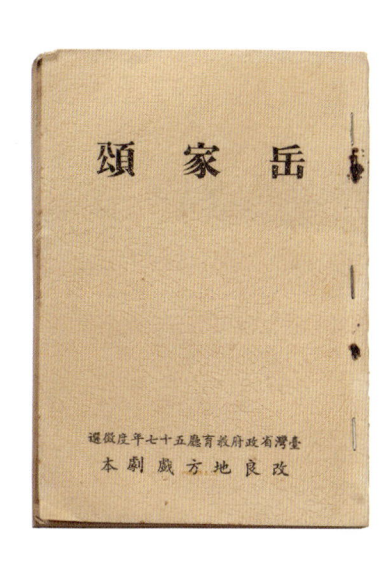

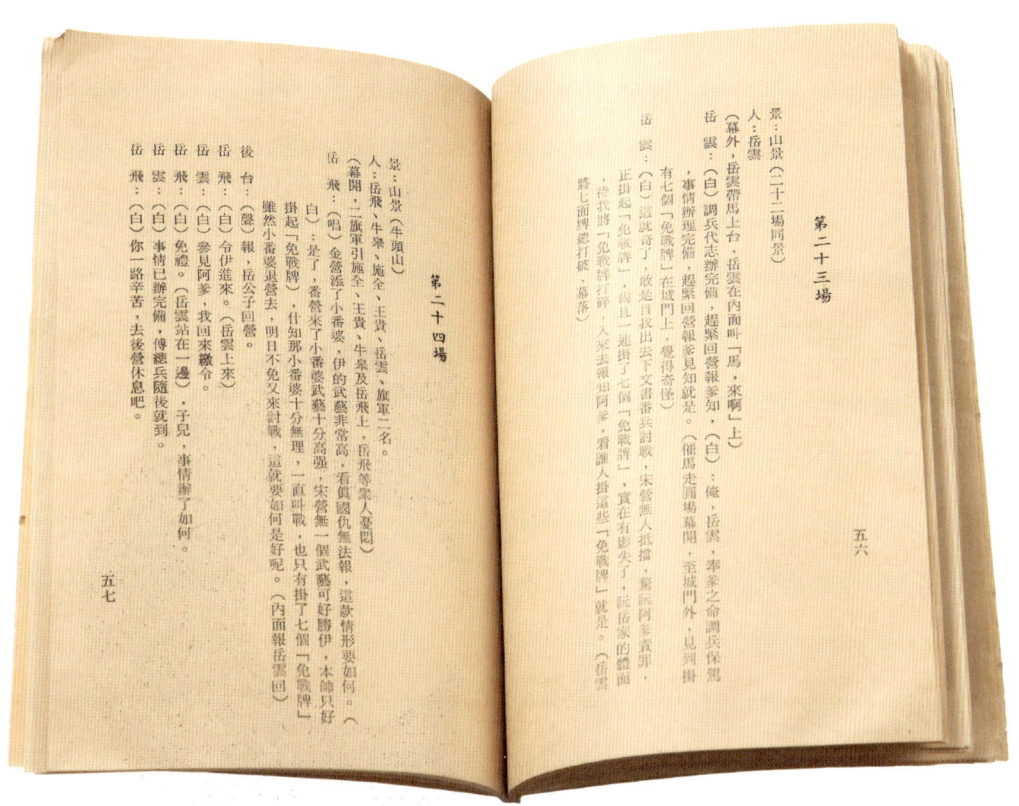

🎧 皮影戲劇本―岳家頌（典藏號：KH2013.001.021）

《岳家頌》是改良地方戲劇本的典型，內容透過岳飛降伏楊再興，對抗金兵的故事，傳達民眾「精忠報國，反攻大陸，收回失土，光復河山」的「愛國」思想，由此件改良地方戲劇本也可得知當時的戲劇也是政府用來強化民眾反共復國意識的工具。

禁歌理由有點瞎

　　臺灣在戒嚴時期，以「反共」為最高國策，禁止共產主義左傾思想傳播，因此被認為具有左傾思想或共產主義意象的歌曲，通常會列為禁歌，禁止公開發行、播放及演唱。不過，何謂左傾或共產思想，主政者常常望文生義擴充解釋。例如，日治時期出品的著名臺灣歌謠〈四季紅〉，便以「紅」為共產主義象徵而成為禁歌；鄧麗君唱紅的華語歌〈何日君再來〉，則是以「君」令人有「解放軍」的聯想而列為禁歌。

　　不僅是政治因素會成為禁歌，各種千奇百怪的因素，都可以成為禁歌的理由。像是許多人耳熟能詳的臺語歌〈燒肉粽〉，便被以歌詞內容會被「共匪」拿來宣傳臺灣人民生活困苦的工具而成為禁歌；校園民歌〈橄欖樹〉，則是被以鼓動青少年流浪為由列為禁歌；描述青年離鄉打拚卻心繫母親的臺語歌〈媽媽請妳也保重〉也是禁歌，理由是會讓士兵興起思鄉情緒而逃兵；就連華語歌〈熱情的沙漠〉也被指歌詞中的「啊」唱音太曖昧而被禁，直到新版本把「啊」字拿掉才解禁。

　　1964年，有首名為「鹽埕區長」的歌曲發行。其曲是採自民謠「牛馬調」，詞則以淺白且不帶髒字口吻描述男酒客和酒女之間互動調情，甚至影射男女床第之事。這首歌被認為是在描述作風海派的鹽埕區長郭萬枝，實際上內容幾乎是虛構。最終，「鹽埕區長」被以內容露骨、涉及情色、妨害善良風俗遭到查禁，據說查禁前，光是正版唱片就已銷售23萬張，盜版數量更是不計其數。

🎵 鹽埕區長唱片（典藏號：KH2003.008.388）

衝決羅網

戒嚴時期的肅殺氣氛,讓多數人噤若寒蟬,但仍有人勇於衝決羅網、挑戰權威。1978年,前高雄縣長余登發及其子余瑞言被政府羅織涉入「吳泰安匪諜案」而入獄,引發大眾譁然。1979年1月22日,許多知名的反對運動領袖紛紛集結在余登發家鄉橋頭進行示威遊行,聲援余登發,史稱「橋頭事件」。橋頭事件是戒嚴時期第一場對政府的大規模示威遊行。4月,參與示威的桃園縣長許信良遭到監察院彈劾,移送司法院公務員懲戒委員會,最終被以「不盡忠職守」為由處以休職二年。

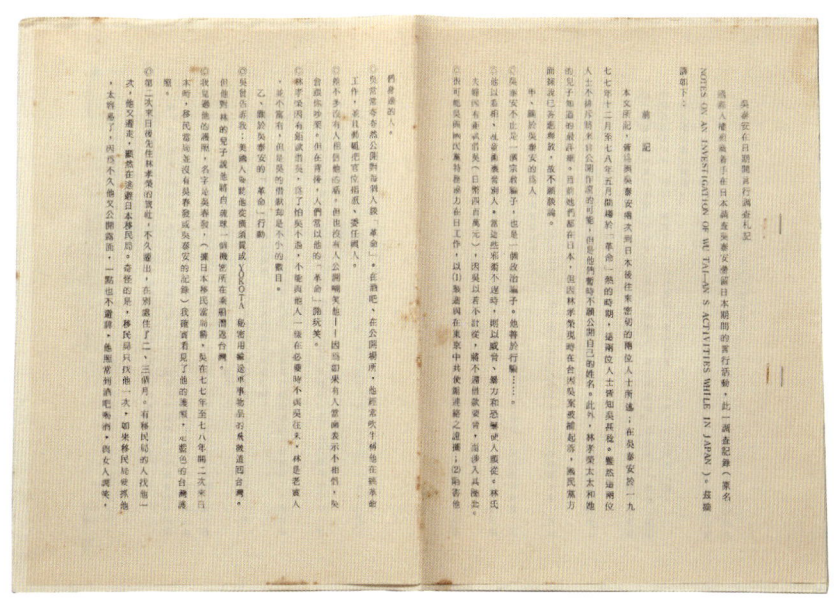

吳泰安在日期間言行調查札記(典藏號:KH2000.013.060)
本件為國際人權組織特地到日本訪問與吳泰安往來密切友人的紀錄翻譯資料,國際人權組織想藉此了解吳泰安赴日期間的言行,以洗脫余登發父子的罪名。當時執政當局吸收吳泰安誣陷余登發父子入罪一事,引發國際人權組織的關注。

1979年8月，反對運動人士再接再厲，創辦《美麗島雜誌》，推動國會全面改選與省（直轄）市長民選。12月10日，美麗島雜誌社以紀念世界人權日的名義，要在高雄扶輪公園（今中央公園附近）舉辦演講活動，但憲警人員早一步封鎖了公園，於是群眾改遊行到大港埔圓環（今美麗島捷運站）聚集，引發憲警人員鎮壓，造成多人受傷，史稱「美麗島事件」。

　　事件過後，政府查封美麗島雜誌社各地分社，並對涉案者採取大規模逮捕行動，其後進行的審判，被稱為「美麗島大審」。美麗島事件對1980年代後期解除戒嚴、1990年代臺灣民主化與自由化，乃至於當今政治發展都具有深遠影響。日治時期，高雄有簡吉、黃賜等人帶領農民、工人反抗壓迫；戒嚴時期，高雄同樣沒有在追求民主自由的道路上缺席。

　　美麗島事件爆發到後來的美麗島大審，臺灣被政府控制的主流媒體，均把美麗島事件扣上暴亂的帽子，指責美麗島參與者是「暴徒」、「叛亂犯」。直到1990年代臺灣逐漸民主化後，美麗島事件才開始被定調為民主運動。

🅝《美麗島雜誌》全集（典藏號：KH2000.011.541）
　1979年創刊的《美麗島雜誌》總共發行四期，每期均以同樣的群眾運動剪影作為封面。

🎧 高雄市政府警察局保安警察大隊鎮暴防護鋁盾牌（典藏號：KH KH1999.010.009）
本件文物為鎮暴警察面對大型群眾運動的裝備之一，本館尚有典藏鎮暴防護衣、防護盔等裝備。美麗島事件上演了民眾與鎮暴警察的衝突，延續到1980至90年代臺灣各類型群眾運動風起雲湧，群眾與鎮暴警察對峙的局面更為常見。

🎧 美麗島 20 週年紀念布旗（典藏號：KH2000.013.067）

1999年為紀念美麗島20週年，由美麗島受刑人陳菊和參與者艾琳達（Linda Gail Arrigo）共同設計紀念布旗。右下角印有紀念LOGO，採用紅黃綠三種顏色，係分別象徵臺灣農村的紅磚屋、金黃飽熟的稻穗，以及鮮綠的秧苗，這也是美麗島雜誌前三期的封面顏色。

戒嚴時代，政治瀰漫著一言堂式的恐怖氛圍，在「反共」的政治正確下，多數人寧願選擇閉口不談政治，而把注意力放在拚經濟。儘管政府對經濟和社會也有諸多管制，但臺灣人總是有辦法找尋到賺錢之道，並且在日常生活中自得其樂，形成政治氣氛凝重，民間經濟活絡的情況。這股蟄伏在威權體制之下蓬勃的民間動力，是日後臺灣推動政治民主化和社會自由化的重要力量。在談完沉重的政治後，我們把目光轉向民間社會，來看看與大多數人切身相關的食衣住行經濟生活。

運輸大進化──
高雄人的日常出行與交通

隨著19世紀交通工具的進步，輪船、火車等的效能大幅提升，縮短了旅行與貨物運送的時間，徹底改變了人們的出行方式與世界的運作模式。這種交通革命不僅重塑國際貿易的格局，也促使各地產業結構轉型，對城市的經濟發展影響深遠。高雄憑藉其得天獨厚的港口條件，配合築港工程的進行，以及鐵道與陸運的發展，加速了港埠與腹地的聯繫，猶如城市的任督二脈，帶動城市經濟的快速成長。本單元將透過歷史文物的展示，詳細呈現高雄百年來交通發展的歷程，並探討其對城市繁榮的推動作用，展現高雄作為重要交通樞紐的風貌。

進化的軌道運輸

　　1900年11月,縱貫鐵道南部段開通,緊接著1906年濱線的鋪設,鐵道向前延伸至今日第二船渠旁的倉庫。1907年,打狗至九曲堂的鳳山支線完工,隔年9月為配合縱貫鐵路工程,打狗車站往南移500公尺,使車站更靠近港區。1908年10月,縱貫鐵路全線通車,配合日後的築港工程及哈瑪星填築,港區及鐵道的串連,形成完整的海陸聯運交通體系,加上1910年代後,岸壁鐵道、製糖會社、水泥會社及旗尾線等產業鐵道陸續完工。1920年,打狗驛更名為高雄驛。打狗驛／高雄驛是縱貫鐵路南部終端,也是連接港埠的開端,其成為海陸運樞紐水到渠成;同時也開啓打狗築港工程,進一步擴大建構鐵道與海港共構的港埠空間體系。

　　1930年代哈瑪星及鹽埕市街興起,鐵道線路成了限制都市發展的問題。1933年,高雄驛上下車旅客人數突破百萬、達1,033,721人次,貨運量更是全臺第二。人潮與物流帶來商機,短短不到20年,高雄驛站前一帶快速發展成為高雄市最繁榮的街區。不過,高雄驛的地理位置偏西且腹地狹窄,至1930年代,今哈瑪星一帶的發展幾近飽和。

　　建置一座新的高雄驛站之討論約始於1935年間,是年舉行「始政四十週年紀念臺灣博覽會」,10月10至25日期間,高雄驛共湧進乘客三萬人,造成鐵路交通輸送的窘境。為此,高雄市實業新會和高雄市實業協會共商向交通局、州市政府陳情,速請議決新驛站的基地。隔年6月,為了高雄驛改築及線路改良工程,鐵道部設置高雄驛改良事務所,任命秋本敏一為所長,同時完成土地收購。1937年12月15日,舉行盛大的地鎮祭,由清水組承攬施工,約四年後完工。高雄新驛首任驛長山本清一。自1941年起,新高雄驛名為高雄驛,原高雄驛改稱高雄港驛;戰後分別改稱高雄車站與高雄港站。

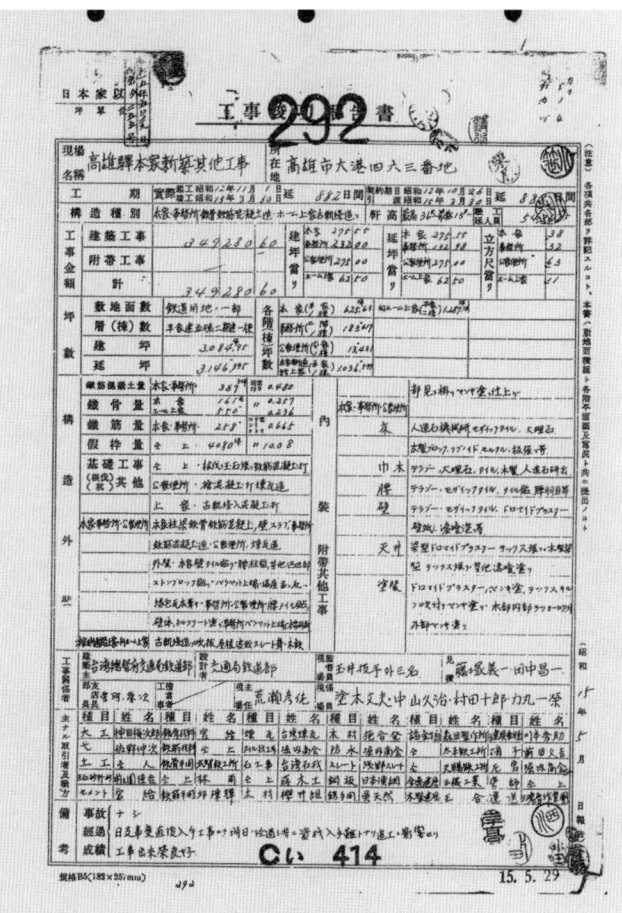

○ 清水建設公司日治時期在臺建築圖冊及高雄驛完工報告（典藏號：KH2000.002.019）

清水建設前身在戰前是清水組，是日本五大建設公司之一，高雄兩大帝冠式建築高雄市役所和高雄車站的建造者都是清水組。圖冊中除了呈現清水組日治時期在臺灣建造的建築外觀及內部照片外，還有各建築的完工報告表。

運輸大進化——高雄人的日常出行與交通

1960年代以前,高雄市區核心依然在鹽埕。1960年代末,高雄車站前的新興區因中山路打通至小港機場逐漸發展;1970年代,高雄車站前已出現眾多高階消費場所,大統百貨、大立百貨和三多商圈相繼接棒,將高雄市核心移轉至車站前的中山路軸線上。相對地,車站後的博愛路一帶,至1970年代還是一片農田。1980年代,中山地下道打通,這座地下道貫通中山路和博愛路,所以也有稱中博地下道。地下道的通車不僅改善交通,更帶動後火車站的發展,而且讓南北狹長的高雄市終於出現一條貫通主要市街區的骨幹。高雄車站則是此骨幹上最具歷史象徵性的地標。

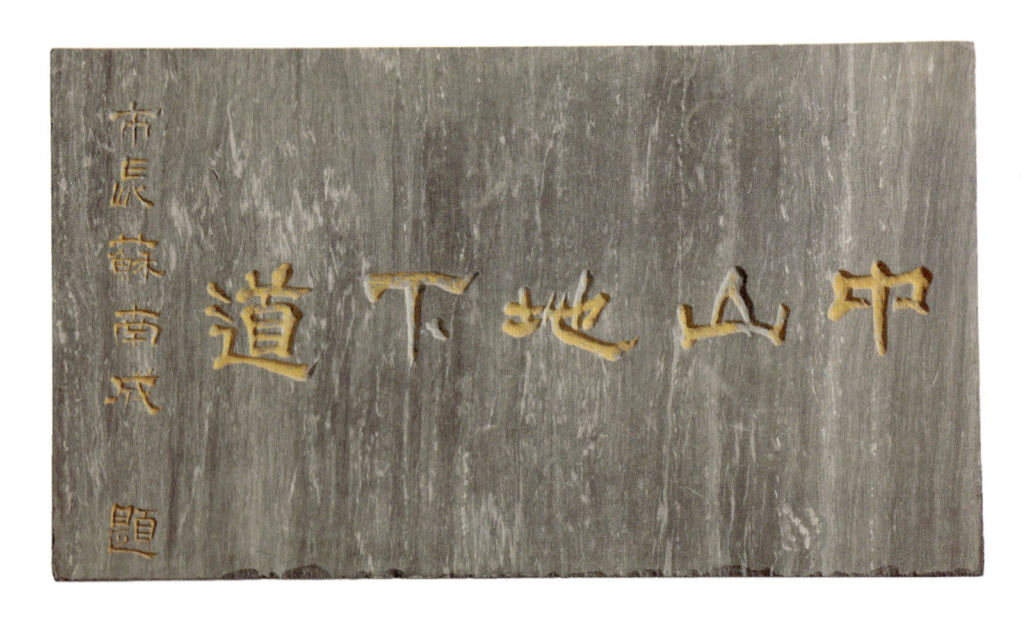

中山地下道銘牌(典藏號:KH2023.010.0001)
中山地下道通車前,來往前、後站必須繞路而行,也使得前、後站發展有所落差,前站是熱鬧的商業區景象,後站到1970年代還是一片農田。1980年代中山地下道的興築,直接目的除在縮短前、後站往來的行車時間外,並帶動後站地區的發展。

進入1990年代後高雄便著手規劃都會區鐵路地下化工程。政府因需要同時興建高速鐵路、高雄市都會區捷運系統及鐵路地下化等大型工程建設，財力無法同時負擔多項大型公共建設，因此高速鐵路及高雄市都會區捷運系統，改以民間興建營運的模式進行開發，鐵路地下化工程則重新進行評估。

　　1998年，謝長廷市長上任，積極推動高雄都會區大眾捷運系統進程。然而，對於原有帝冠式車站的存廢，卻成了關注的焦點。以高雄市政府的立場，是傾向保留主體建築，以保存高雄市的文化資產，但，該如何保留車站，卻讓工程單位傷透了腦筋。當時提出如捷運紅線繞過車站的「就地保護」或抬高車站在站體下施工隧道的「就地托底」等方案，都因為考量捷運施工涉及經費與土地徵收問題過於繁雜而作罷，最後決定以將車站平移的「遷移保存」為最終方案。

　　2002年3月27日，為配合捷運工程的施工，服務60餘年的帝冠式車站迎來最後一天，隨後，車站遷移工程由同年8月16日起作，於同月29日遷移至原客運總站的位置上進行安置，歷時14日，共平移82.6公尺。遷移完成的車站，旋即進行後續工程，包含站前廣場前的紅色鯉魚雕像及老站建物裂縫修補作業，至隔年1月全部遷移工程才算竣工。2003年車站遷移後，為進行捷運工程，將中山地下道回填，改設立中博高架橋，以維持中山路與博愛路的交通要道串連，原定短暫使用的中博高架橋則一直延用至2021年地下化工程完成後才拆除。

🔘 高雄車站帝冠式建築保留暨遷移工程服務紀念章（典藏號：KH2021.061.0006）
　此紀念章以金色為底，採陽刻方式刻畫出帝冠式高雄車站形體及遷移工程軌道圖像，下方「91」，象徵遷移工程的年份民國91年。

高雄車站遷移為日後大型站體保存開啟了新的典範。2003年，古都奈良JR車站進行高架化及擴建工程時，日本建築學會及奈良市民便請願保留超過70年與高雄車站有類似建築風格的的奈良車站站體，成為該市的總合觀光案內所，繼續接待來訪此地的遊客。

　　2006年10月，在重新進行評估後的鐵路地下化工程終於順利開工，後續結合鳳山與左營計畫，地下化工程將長達15.7公里，沿途並興建內惟、美術館、鼓山、三塊厝、民族、科工館、正義等七個通勤車站。2018年10月13日，高雄鐵路地下化第一階段完成，2019年起沿鐵路線之天橋、地下道等設施陸續拆除、回填，並將原對鐵路路廊改設為綠園道，成為市民休憩的場域。2021年7月26日，交通部啟動舊帝冠式站體二次遷移工程，先行北移4.8公尺後，再向西平移57.86公尺，並於9月26日，重回城市的中軸線區位，完成「回家」的旅程。

　　除了縱貫線鐵路，高雄還有一條重要且幾乎是全臺獨一無二的產業鐵道——臨港線存在，該線路是緊鄰著港埠，連絡各廠區的鐵道線。1936年，高雄都市計畫中始出現一條圍繞著都市邊緣而最終連結戲獅甲工業區及港埠的鐵路線規劃。1944年，臨港線完工但因為戰爭破壞，使得臨港線真正發揮效益要到戰爭結束後擴港工程的興築及臨海工業區的開設，才真正算臨港線的黃金年代，以至1970年代臨港線貨運量達到高峰。

　　高雄港站的貨運噸數於戰後持續增長，即使在貨櫃興起的1970年代，雖有起伏，整體並未有下滑趨勢，直到1980年代尾聲才走下坡。造成高雄港站運輸量一去不回頭的主因應是公路運輸的競爭，1978年通車的中山高速公路結合卡車、貨櫃，造成陸路運輸型態的全面翻轉，1990年代起，臨港線沿線工廠陸續關閉，各段廠區鐵路終止運行，致使臨港線的貨運量極速下降。

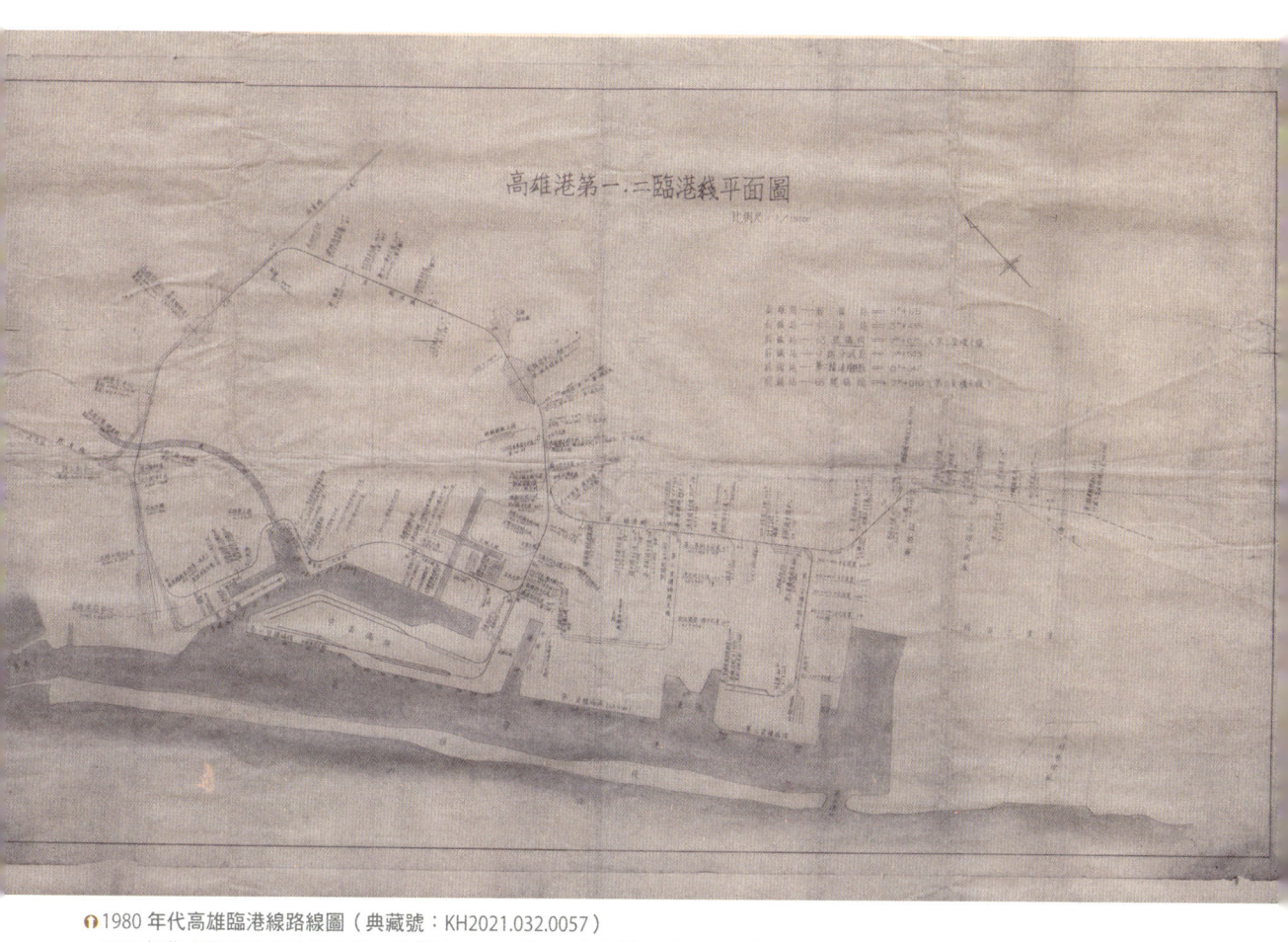

○ 1980年代高雄臨港線路線圖（典藏號：KH2021.032.0057）
1950年代臨港線支線快速的從主線衍伸，1951到1956年新增11條，長度共9058公尺，包含：臺碱公司支線、硫酸錏廠支線、臺糖公司17號碼頭支線、唐榮鐵工廠支線、臺肥公司支線、高雄港13號碼頭石炭調整委員會儲煤線、開楠木行支線、高雄港13號碼頭運鹽支線、中油公司煉油廠苓雅寮支線、臺電南部發電廠支線和高雄鋁廠支線。

2001年配合首度移師高雄的「臺灣燈會」，首次開行「燈會列車」，引起熱烈迴響，也促成「港市合一」。2003年更改裝一列麥當勞餐車，取名「嘟嘟火車」，每日行駛臨港線繞高雄一圈，成為熱門觀光話題。後續因為運量調整關係，第一臨港線（高雄港站—前鎮車站）於2008年停運；第二臨港線於2011年亦同步廢止。伴隨燈會列車的熱潮及亞洲新灣區計畫，市府開始進行「臨港線輕軌化工程」，並活化沿線的歷史建築，推動文化產業與觀光。

🅞 2003 年嘟嘟火車活動紀念衣服套組（典藏號：KH2021.032.0002）
　　2003年開行的「嘟嘟火車」活動係繞行臨港線一圈，讓臨港線從已經終止的工業運輸功能，轉型為觀光運輸功能，曾經掀起一波觀光話題，具有高雄從工業都市轉型為觀光都市的象徵意義。

輕軌慢慢遊

　　清代旅人出門多靠「牛車」或「步行」，官員多乘轎。直至近代開始有鋪設簡易軌道，以人力推行的臺車。臺車可載客，亦可載貨，具有營運成本低，軌道鋪設簡易迅速的優點，但無法載運太多客貨，且速度慢，在機器動力的交通工具興起後，就失去優勢，日治後期逐漸被公路運輸所取代。

　　百年來，臺灣軌道運輸在速度上不斷進化。1908年縱貫鐵路通車初期，從基隆搭夜行列車到高雄費時要超過12小時。到日治後期，臺北開到高雄的夜行列車，時間已縮短到八小時以內。1979年，基隆至高雄鐵路電氣化完成，搭自強號從臺北到高雄的時間再縮短四個多小時，甚至還有列車能在四小時內完成一趟北高。近年來，臺北到高雄太魯閣或普悠瑪號行車時間在四小時以內已是常態。而2007年臺灣高鐵登場，更一舉將臺北到高雄行車時間推進到1.5小時。

　　軌道交通作為運輸工具自然是越快越好。但近來興起一股城市慢遊風，平均時數只有15公里、繞一圈22.1公里要花90分鐘、跟從高雄到臺北坐高鐵時間差不多的輕軌路面電車，卻也成了許多觀光客或市民的最愛。輕軌南半環前身是1990年代終止營運的臨港線鐵路；2013年，動工興建輕軌；2017年，第一階段（籬仔內站—哈瑪星站）通車；2024年1月，環狀全線通車。輕軌行經亞洲新灣區、流行音樂中心、駁二、哈瑪星、美術館、內惟藝術中心等熱門景點，中間一段「龍貓隧道」，更是文青網紅趨之若鶩的打卡景點。使得原來具有軍事、工業特色的臨港線，成功轉型為市民親近的水岸輕軌，塑造新型態的都市風貌。

⇨ 軌道上載客的臺車（典藏號：KH2000.001.043）

⇨ 行經駁二蓬萊倉庫群的高雄輕軌列車（莊天賜拍攝）

四通八達的公車客運系統

　　高雄市區內公共交通系統，以市營公共汽車與渡輪為主。高雄市因旗津及市區需橫跨高雄港區。因此，高雄市區內的公共交通系統也將輪渡包含進來。高雄市區內的公共汽車，源於日治初期，以高木拾郎創辦的「高雄共榮自動車株式會社」較為著名，市區外鳳山、旗山、小港、岡山等線，則由高雄乘合自動車會社及高旗自動車株式會社所經營。1937年，高雄市役所交通課接收民營公共汽車業，經營起市區公共汽車。市營巴士當時由多條路線，可以抵達田町、市役所、吉井百貨、堀江町、渡船場、西子灣、苓雅寮及林德官等地。1942年，臺灣總督府交通局對於線路、運費及營運的自動車株式會社進行統合，高雄市區公車則仍由交通課經營。

　　1945年，國民政府接收臺灣，成立高雄市政府，並由交通課接收市營公車；隔年4月1日，市政府成立「高雄市公共車船管理處」，接辦市營公車、渡輪業務；1952年時，由公共車船處經營的市營公車路線共有11條，部分路線甚至現今仍在行駛。

　　隨著路線的擴張及公車數量的增加，1979年高雄市升格直轄市後，高雄市公車已發展成擁有48條路線的公車路網規劃。1988年更擴張至52條線路，平均行駛班次達到310個班次，每日載客約有18餘萬人次。新冠疫情爆發前一年的2019年，高雄市營公車客運人次每日達到14餘萬人次。因此，市營公車成為高雄市區內通學，或通勤的重要交通工具。

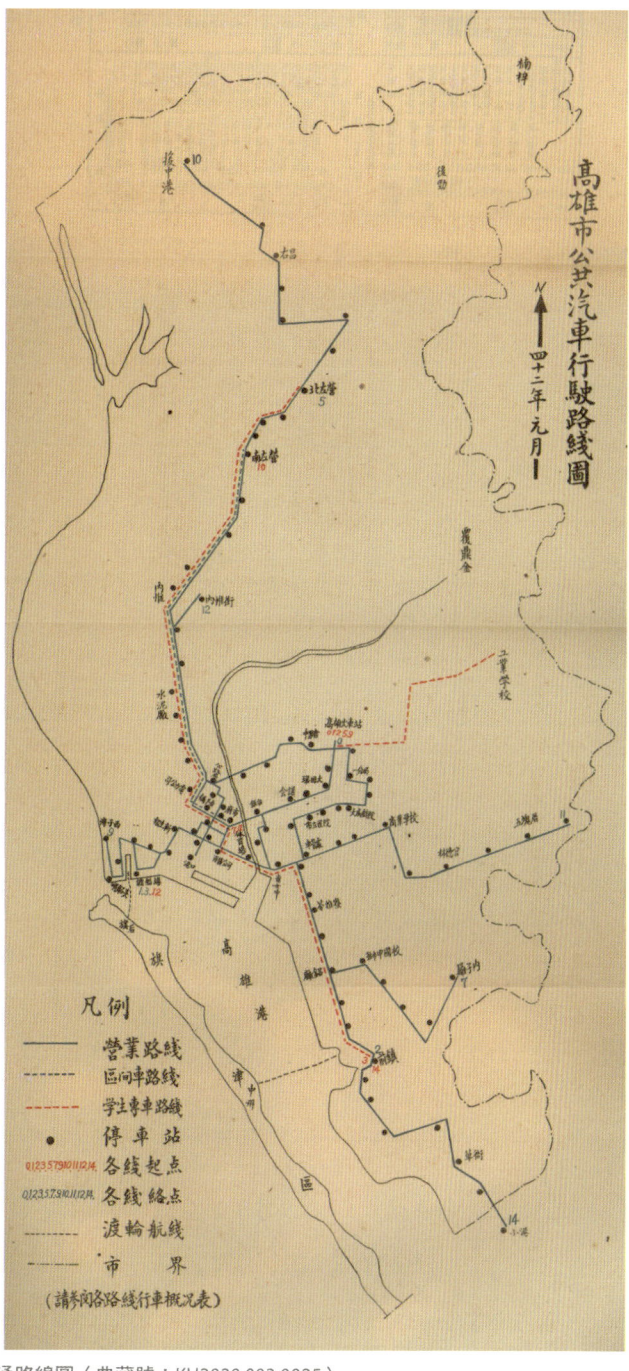

🎧 《高雄市公共交通》封面及內頁高雄市公車交通路線圖（典藏號：KH2020.003.0025）
1952年出版的《高雄市公共交通》一書收錄高雄市公共車船的相關介紹，內容有超過十張1950年代交通相關的老照片，還有1952年的公車路線及時刻表，非常珍貴。

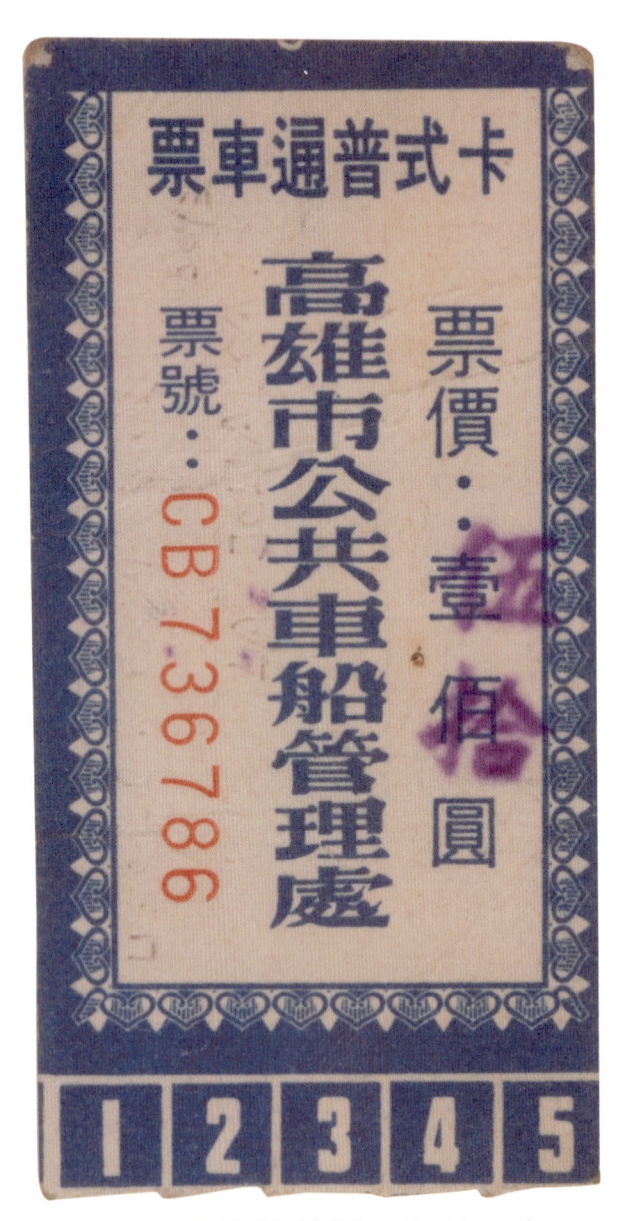

🎧 1990 年代高雄市區公車票卡（典藏號：KH2008.003.020）
在21世紀流行電子票證前，公車通勤族往往會購買一個月份的紙本卡式車票，在價格上有折扣。每搭乘公車一次，司機或車掌會剪掉一個空格。

除了市營公車外，高雄客運亦是連絡高雄縣市重要的客運系統。高雄客運前身為高旗自動車株式會社，戰後改組為高雄客運公司，以旗山、鳳山、岡山等站為**轉運站**，開闢高雄往旗山、六龜、高雄往楠梓、岡山、鳳山與大寮等客運路線，是高雄市區通往高縣的民營客運。1970年代甚至開闢往桃源、三民（今那瑪夏）等山區的客運路線。

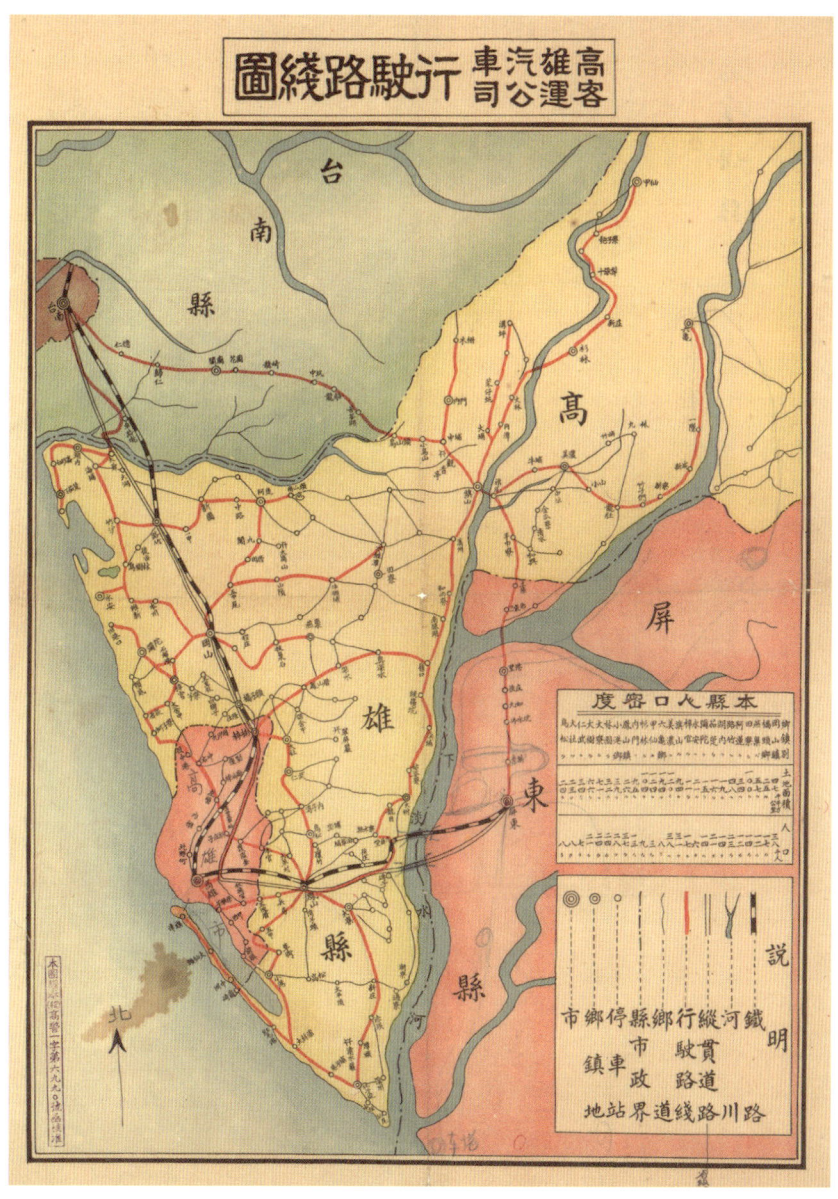

○ 高雄汽車客運公司行駛路線圖（典藏號：KH2003.008.158）
1950年代的高雄客運營運路線已經開闢最遠至甲仙、六龜及跨縣市的高雄至臺南、旗山至臺南、旗山至屏東等路線。

水上的公共運輸

　　高雄市是個港口都市，有一項別具特色的公共交通系統——渡輪。高雄港為一潟湖，最早發展的區域分別為潟湖的兩端，旗後、哨船頭與鹽埕埔一帶。漢人往返兩岸，均靠舢舨及竹筏撐度，擺渡業常有意外發生，涉渡者須打鼓鳴鑼，焚燒紙錢以避災厄。1907年4月，哨船頭一位日本商人松田氏對於打狗港內的交通經營甚感興趣，遂由日本內地購置總噸數13噸，可搭載58名客員的石油發動小型汽船共二艘（分別為第一松正丸、第二松正丸），作為巡航鹽埕埔、哨船頭、埋立地、旗後、雅寮（苓雅寮）一帶的交通汽船，當時的船費相較便宜，分別為哨船頭至旗後間一錢；埋立地至鹽埕埔間三錢；鹽埕埔、埋立地至旗後間五錢，由鹽埕埔、哨船頭、旗後至苓雅寮，則定價十錢，往返者為九錢。

　　1911年1月，由荒木萬三郎、竹中八十吉等在臺日人號召發起成立打狗巡航船會社，合併原有的打狗巡航交通船，成為唯一輪渡經營者。但初始卻遭到舢舨業者強力競爭，為求生存只能降低船費，造成收入無法支應龐大人事及船隻維護成本而虧損。1912年，打狗內地人組合接手經營，亦無法彌平虧損。1920年，打狗內地人組合解散，渡船改由高雄街官方接續經營。1924年高雄設市，高雄市役所接管渡輪，成為市營事業。

　　1945年，高雄市政府辦理接收後，並調整組織，裁撤交通課，另外成立高雄市政府公共車船管理處，輪渡事業由該處辦理。1952年11月，擴大編制，改稱「高雄市公共車船管理處」，當時除鼓山至旗後航線外，也新開前鎮至中洲航線。1954年公共車船管理處，先後打造了民治、民享、民有、民主等四艘鐵殼渡輪，並淘汰原有的木殼渡輪三艘及汽艇二艘，1968年加入「民安號」，為高雄船廠自行研發製造的渡輪。

　　由於輪渡範圍屬高雄港區內，航線的開放與否，與高雄港務局權責有關。1966年，高雄港中島加工區經濟特區的成立，大規模的工人往返中島及前鎮、鼓山、中洲及旗津的需求大增，加上原有的通勤與通學的需求。為解決加工出口區的上下班交通問題，1970年，高雄港務局規劃開放港內輪渡航線，除原有的高雄市車船管理處經營的航線外，也開放一般民營業者申請。率先開放的航線有高雄港11、12號碼頭至中島航線、紅毛港至前鎮等地航線，後又加入旗津半島的中洲至前鎮航線。除原有的高雄市車船管理處外，也一併開放民營。1973年9月3日，一艘由旗津中洲開往前鎮工業區的渡輪因為老舊且超載關係，導致翻覆，造成25名年輕女性因此香消玉殞，此為著名的「高中六號沉船事件」。該事件後，高雄市政府及高雄港務局全面檢討並嚴格限定渡輪規定。

旗津與鼓山間往返均需要依靠渡輪。尤其在1970年代高雄港第二港口闢建後，旗津的出入需求更加龐大。正規官民營渡輪，不僅嚴格限制航班、船隻大小及搭乘人數等，導致乘船人數班班客滿。龐大的通勤需求，導致不少私自營業的「野雞船」載客橫渡港口內水域，這樣的野雞小船，不需要排隊，隨到隨開，24小時服務。然而私自穿越高雄港內，常會因為與大船交錯航道，導致險象環生。高雄港務局一面加強取締「野雞船」，另一方面也因過港隧道的開通，旗津與本島可透過陸路運輸加以聯結。1985年，高雄市車船管理處改造渡輪，以兩層式觀光渡輪往返於鼓山與旗津，不僅航班加密，亦可增加載客量。2019年，高雄市車船處共有24艘渡輪，全年共行駛146,211艘次，旅運人數平均每日達到1.8萬餘人次。

🎧 高雄市公共車船管理處打造的民生輪（典藏號：KH2002.008.026_0017）

🎧 搭乘渡輪是往返旗津最方便的交通工具（典藏號：KH2002.008.026_0017）

新世紀高雄交通系統建置

　　伴隨著高雄即將在2009年舉辦世界運動會，著手針對城市掀起了一場市容改造及交通基礎設施的建置風潮，這其中又以高雄捷運最具代表。高雄捷運系統，最早於1980年代配合國家政策開始進行可行性研究，後續再進行興建規劃。1998年，行政院決定以BOT方式（即民間興建營運後轉移模式）辦理初期規劃路網，初期路網規劃紅、橘雙線。2000年，以中國鋼鐵公司為主的高雄捷運公司籌組成立，再確認高雄捷運公司取得優先議價權後，高雄捷運於2000年開始動工興建；2001年，高雄市政府與高雄捷運公司簽訂合約，將興建、營運與後期開發委託給高雄捷運公司經營。高雄捷運系統於2008年3月及9月陸續完工通車。是全臺灣第二個擁有捷運系統的都會區。

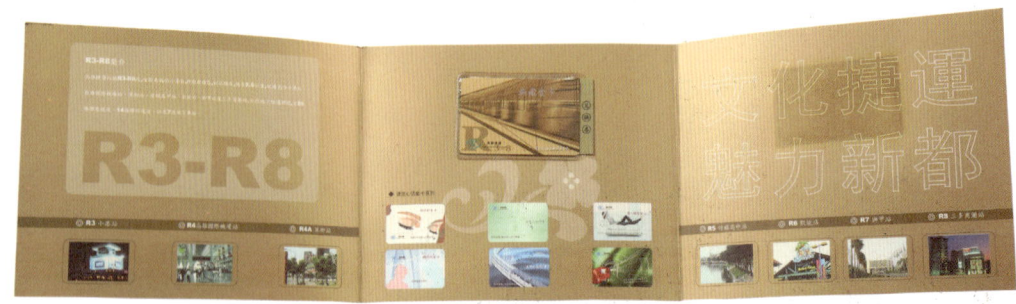

2006年高雄捷運紅線（R3-R8）動態體驗首航紀念套卡（典藏號：KH2022.009.0032）
2006年，高雄捷運紅線推出小港至三多商圈站間動態體驗活動，並發行有首航紀念套卡；內裝有一張紙本兌換卷與一張實體的高雄捷運典藏金卡樣卡，持有者可持兌換卷與樣卡向高雄捷運兌換儲值IC卡，還有六張心情套卡及一張捷運典藏金卡，以紀念高雄捷運初體驗。

高雄另一項新世紀交通系統的建置則為高雄公共自行車。2008年，高雄市政府與統立開發公司合作規劃公共自行車（C-BIKE），並於2009年3月1日起率全國之先推出公共自行車系統試營運。初期建置有20個租賃站及1,500輛腳踏車試營運。租賃站沿著捷運路網、文化、觀光景點，西從中山大學、東至中正技擊館、北達蓮池潭南至夢時代廣場，都可以透過租賃借到自行車，具備有機動性及娛樂性，讓旅程的最後一哩路可以透過自行車完成。

　　C-BIKE從2009年開始試營運後，便受到市民歡迎。2011年，腳踏車系統改由高雄捷運公司負責經營，其中為簡便租借，更開放一卡通及信用卡租借。服務站點也不斷擴充，腳踏車更陸續替升級。2015年10月，替換成第三代腳踏車，因為外觀迥異於前二代的綠色造型，改以藍色車款設計，當時還有「小藍波」之稱。然而，由高雄市政府負責營運的公共自行車，2020年雖已投入建置超過300座租賃站，使用人數平均每天都有上千人次，但營運績效卻入不敷出，致使高雄市政府將公共自行車系統移交通局辦理委外招標經營。同年3月，Youbike微笑腳踏車標下高雄市公共自行車租賃系統，著手規劃建置車柱及投放腳踏車。2020年6月22日，C-BIKE正式關閉所有租賃站點走入歷史，後續由Youbike微笑單車接手高雄市公共自行車營運。

🎧 第一代高雄公共自行車（典藏號：KH2021.029.0001）
第一代高雄公共自行車退役後，由本館典藏的其中一臺自行車。

高雄特色的數字道路命名

　　談到交通，就不得不提到高雄街道命名中最讓人感到熟悉的「一心、二聖⋯⋯十全」等數字特殊命名方式。這套街道命名系統緣於二戰後國民政府來臺，對臺灣街道的重新命名法。1945年11月17日，臺灣省行政長官公署頒布「臺灣省各縣市街道名稱改正辦法」的街道命名標準。其中規定命名原則以發揚中華民族精神者、宣傳三民主義者、紀念國家偉大人物者、適合當地地理或習慣且具有意義者，並重新編排門牌，達到街道命名目的，並以臺北、高雄等省轄市優先改名。

　　1946年2月21日，高雄市政府以街名改換對照表呈送行政長官公署，不過當時這份對照表，並無出現我們熟知的一心、二聖、三多等主要道路名稱。1946年3月20日，高雄市政府重新提交一份街道對照表給行政長官公署。會重新提出的主要原因，係因第一份對照表的命名「過事繁雜而無秩序，既難記憶又難找尋」。因此重新討論道路命名後，除將原有的林森、成功、中正、光華等路名保留外，更增加了我們所熟悉的「一心」、「二聖」⋯⋯等路名。有趣的是，這些街道雖被命名，實際上許多道路仍未完成鋪設及開闢，命名原因係經由日治時期都市計畫而來。

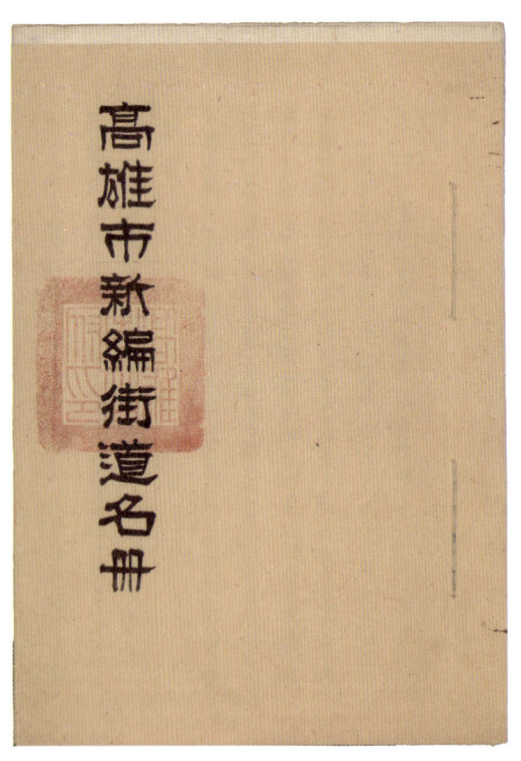

🔊 1947年新編道路名稱說明書。其列出日治後期路名和戰後初期路名，以及都市計畫道路開闢狀況的資訊，可看出高雄歷經政權替換後的路名改變。（典藏號：KH1998.006.041）

高雄市略圖

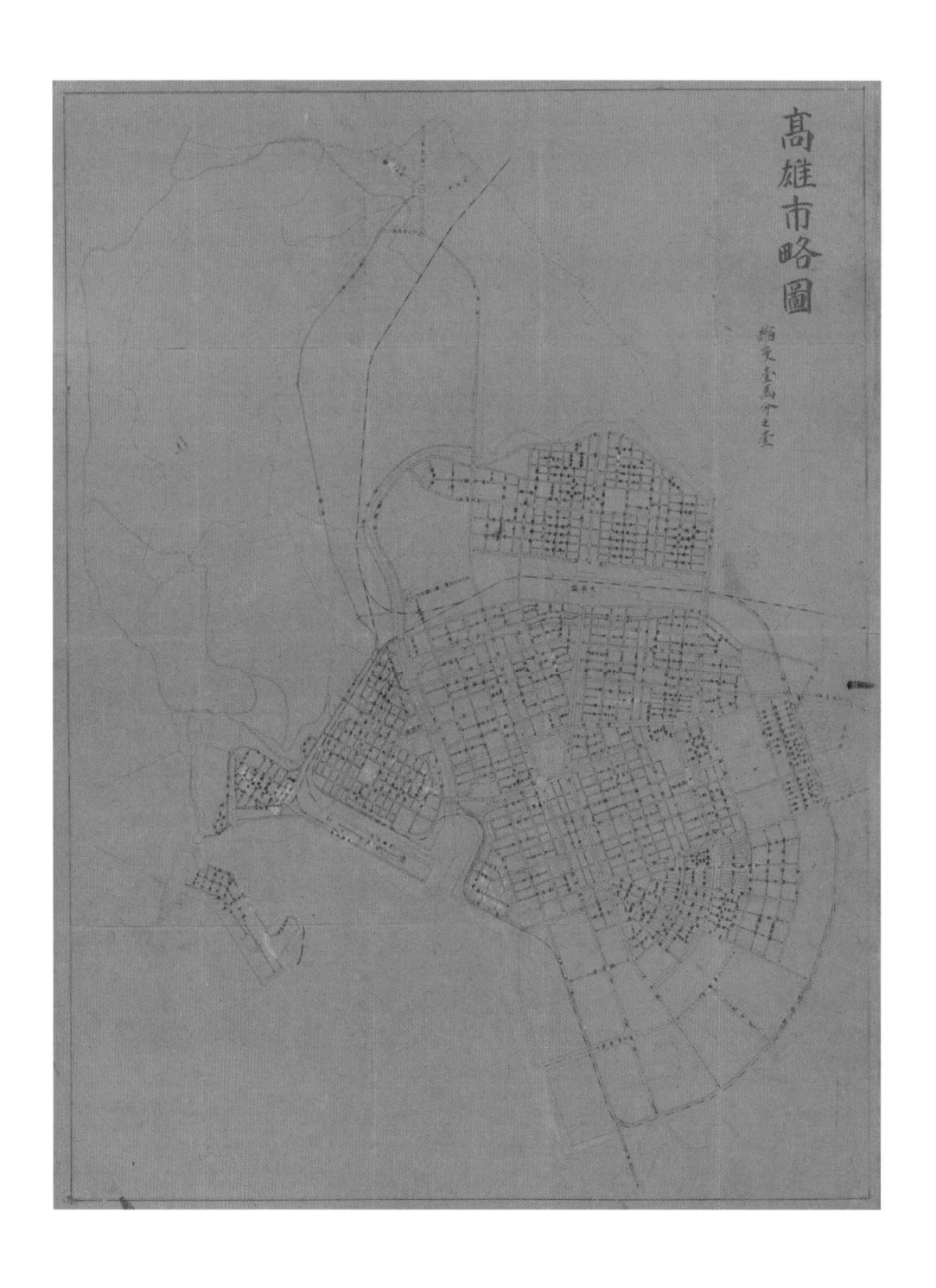

運輸大進化──高雄人的日常出行與交通

瀰漫的香甜氣息──
高雄的熱帶水果王國

造就水果王國的條件，主要還是因氣候、地理環境的適宜，高雄位處熱帶，天氣溫和，適合果類一年四季生長，早在清代時，高雄就是果類生產的地區之一，《鳳山縣志》中提到的水果類記載品項就有西瓜、龍眼、波羅密等27項，當然芭蕉及鳳梨也在其中。

　　一般而言，農民在選擇作物耕種之際，會以經濟價值高低、水源取得容易與否、地利貧瘠等多重考量，優先選擇糧食作物或高單價的經濟作物。其中，稻米作物因屬糧食，加上水利施設的興築，往往都是農民種植的首選。日治時期因新式糖業興起，不少農民改種植甘蔗作物。但在高雄地區仍有不少地區因水利設施無法觸及，如靠近山區的丘陵，因此多栽種更具經濟價值的果物類成為農民的首選。其中，旗山香蕉及大樹鳳梨成為從日治到二戰後最具代表的兩項水果。

從漆器工藝「蓬萊塗」說起

　　「蓬萊塗」，是一種日治時期發展出來的漆藝工藝技術。多以臺灣民俗風情，如臺灣的農特產品、原住民文化、動植物等圖樣為主，因而形成該漆器的特色。本館目前典藏的「蓬萊塗」中，有許多可以反映出具有高雄在地特色的熱帶水果圖案，也恰好是刻畫日治時期高雄地區重要的農特產品。以下敬請欣賞幾件本館典藏熱帶水果圖樣的蓬萊塗漆器。

🔺 朱地雕刻彩繪竹筏芭蕉紋圓盤（典藏號：KH2008.011.031）
本件圓盤內的圖雕，左邊的竹筏是當時臺灣沿岸普遍的交通工具，而右邊的的芭蕉樹，正是高雄的特產之一。

○ 雕刻鑲貝彩繪填漆鳳梨紋方盤（典藏號：KH2008.011.028）
　本件的鳳梨紋方盤中間有偌大的鳳梨圖案，鳳梨是高雄最重要的熱帶水果之一，至今依然盛產。

上圖為雕刻彩繪泛舟與椰子樹圖掛飾（典藏號：KH2008.011.034）、下圖為雕刻彩繪填漆臺灣風物紋圓盤（典藏號：KH2008.011.011）

蓬萊塗漆器常以熱帶果樹為主題。日治時期在描繪熱帶風景時，許多藝術家會選擇用椰子樹作為代表物。如第二代高雄驛前椰子樹，在1941年驛站搬到大港之前，都曾經是代表高雄的地標。

香蕉王國誕生

　　香蕉為熱帶作物，臺灣因氣候適宜，有利於香蕉栽種。香蕉具有營養價值，可開發出不同種類的食品加工，屬於經濟作物的一種。日本統治臺灣後，於1903年由基隆商人將北部地區種植的香蕉輸往神戶開始，開啓了臺灣香蕉輸日的貿易，《臺灣日日新報》甚至報導日本明治天皇喜愛臺灣香蕉，更有日本臺灣總督將香蕉作為貢品進獻天皇，使得臺灣バナナ（BANANA，日文香蕉之意）受到日本國內的喜歡。日治時期臺灣的香蕉產業成為重要的經濟作物，其中以臺中、臺南及高雄三地為主，並設有青果組合，由臺灣總督府進行栽培獎勵、貿易改善、銷售通路的擴張及統一銷售的各種有利於提高生產量的手段，讓香蕉貿易量急速升高。

　　高雄州的香蕉在日治後期後來居上，緣起於1923年高雄州官民因關東大地震決定以香蕉充當慰問品送至橫濱，中途卻被告知禁止進入橫濱港，不得已轉進神戶港，意外受到當地商人歡迎。以此為契機，高雄地方人士對於高雄外銷香蕉滿懷信心。1924年，山下汽船由高雄直航橫濱的定期航線從此展開，高雄香蕉的日本市場因而打開。1924年，可謂高雄香蕉出口元年。

　　至1926年間，高雄州香蕉輸出額占全島比例21.7%，躍居為臺灣第二香蕉輸出地，僅次於臺中州；至1931年，高雄州香蕉的產值全臺第一。1934-1935年間，高雄州香蕉產量與臺中州幾乎相同，當時以潮州與旗山是為州下主要種植區，品種則以粉蕉與北蕉各占一半。

　　高雄州香蕉栽種地區以旗山地區為主，品種則以俗稱的芭蕉種、仙人種等在來種占多數，旗山原先以米作為主，受到政府獎勵種植香蕉，至1935年統計栽培面積達到947甲之譜，較前年多出近174甲，收穫數量達到驚人的33,716,560斤。使得高雄州香蕉輸移出量約占全臺的45%。栽種面積超過日治前期的霸主臺中州。

　　真正促使香蕉產業發達的原因，除了政策獎勵的使然，更重要的是港埠及鐵道的海陸聯運功能完善。旗山地區有二個交易市場，具有優異的地理位置與交通條件，香蕉透過旗尾線至九曲堂轉縱貫線鐵道可直通高雄，再利用港口完善的鐵道運輸，讓香蕉可直抵港口碼頭完成運輸，也留下許多高雄港邊運送香蕉的經典照片。香蕉產業的發達連帶使得旗山驛的進出口貨物成為全高雄州僅次於高雄驛、屏東驛的車站，足以見證其貿易量之大、香蕉產業的發達。

🎧「高雄所見」明信片中的香蕉園（典藏號：KH2022.019.0013）
本館典藏「高雄所見」明信片組中關於香蕉的描述，使用「生果の王座」（新鮮水果之首席）為標題，象徵香蕉在臺灣水果中占有首席地位，當時香蕉生產及出口要以高雄州最盛，為高雄州的代表水果之一。

1945年臺灣政權轉移，原本輸出以日本為主的香蕉，頓失市場，導致產量銳減，當時香蕉銷售的主要市場改為中國大陸，雖也有外銷日本，但以駐日美軍購買較多。真正使臺灣香蕉再次輸日的關鍵是1949年5月，臺灣省政府核准辦理香蕉輸日交換貨物，由臺灣省青果運銷合作社負責輸送臺灣香蕉，並進口日本之蔬菜、海鮮、罐頭等農漁產品。因此在戰後很長一段時間，香蕉被輸往日本換取日本的紡織品、農具、五金等雜貨物品。臺灣香蕉雖然在日本市場大受歡迎，卻受限於配額，發展速度仍有所侷限。

　　真正造成臺灣以後擁有香蕉王國美譽的契機是日本於1963年開放香蕉進口的自由貿易政策，不再採取配額限制的措施，加上臺灣國內調整香蕉產銷制度，提高產地收購價格，使蕉農的收益增加，刺激蕉農生產意願，大幅提升出口產量。1967年，香蕉產業達到鼎盛，外銷產量高達42萬餘噸，取代了米、糖成為出口最重要農產品。在旗山地區，甚至有超過八成的耕地都是栽種香蕉。旗山農會更是當時存款量最高的農會之一。

臺蕉輪初航紀念瓶（典藏號：KH2006.012.002）
　圖為1965年製作的臺蕉輪初航紀念瓶。該瓶子是由臺灣海運公司訂做，用以紀念臺蕉輪首航。臺蕉輪是臺灣第一艘專門裝載香蕉的冷凍船隻，係為配合香蕉輸日，向日本船商以135萬美金訂購的具冷凍功能的船隻，載重約5,400萬噸，每次航行可裝運3.5至4萬籠香蕉。1965年3月31日，由高雄港首航輸送香蕉至日本，也見證了臺灣曾經是香蕉王國的一段歷史。

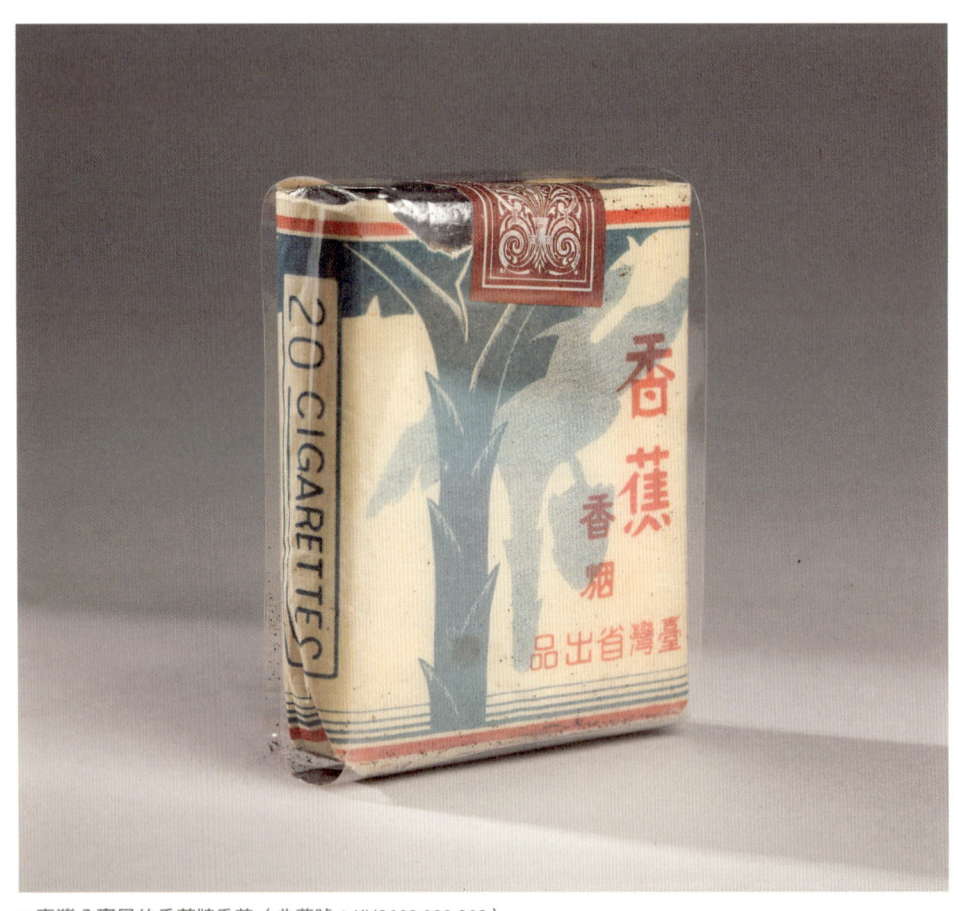

臺灣公賣局的香蕉牌香菸（典藏號：KH2002.002.002）
戰後初期，國民政府來臺接收日治時期總督府專賣局後，將其中「曙」品牌香菸更換為「香蕉」品牌。重新生產上市的香蕉牌香菸，即說明國民政府也認知到香蕉是臺灣的代表水果。

1969年，金蕉案（又稱剝蕉案）爆發，被稱為「香蕉王」的高雄青果運銷合作社理事主席吳振瑞爆出收取回扣、剝削蕉農的疑雲，遭法務部調查起訴，青果運銷合作社諸多幹部也受到牽連。金蕉案一度導致臺蕉出口數量與價格的短期下跌。1974年，香蕉產銷一元化制度的實施，讓青果運銷社主掌外銷市場，以契作生產，穩定臺灣香蕉市場價格及蕉農的獲益。但臺灣香蕉的高成本、多蟲害卻是不爭事實，加上1970年代末期來自菲律賓等東南亞的香蕉進軍日本市場，使得臺灣香蕉價格處於劣勢，風光不再。

旗尾山與香蕉園（典藏號 KH2023.009.0015）
旗山由日治時期即為重要香蕉產地，至二戰後更達到巔峰，照片中顯示為旗尾山與四處遍地的香蕉園。

華麗轉身的香蕉碼頭

　　日治時期，高雄的香蕉已是名聞遐邇，每逢香蕉盛產季節，高雄港碼頭總是堆滿一籠一籠等待出口的香蕉，伴隨岸邊載運香蕉的貨輪和列車，是高雄港常出現在老照片上的景象。但高雄港在日治時期尚無香蕉專屬碼頭設置。

　　二戰後，自1950年代開始，出口到日本的香蕉逐年增加。初期碼頭沒有任何特殊設備提供存放，只能將香蕉露天堆置，任其日曬雨淋。為提升輸日香蕉的品質，並且因應日漸增多的出口。1963年，港務局在蓬萊商港區三號碼頭擴建一棟雙層香蕉棚，為配合香蕉竹簍堆疊方式，建築柱距較一般倉庫來的密集，又以半露天方式建造來配合香蕉存放空間講究通風的特性。為高雄港唯一的開放式倉庫，稱為「香蕉棚」。

　　隨著香蕉王國走入歷史，香蕉棚逐漸失去其原有功能。進入21世紀後，在港市合一政策的推動下，高雄市政府於2003年登錄香蕉棚為歷史建築，進行空間再造，引進特色商店、香蕉故事館、景觀餐廳，以及搭乘遊輪的關口，為舊建築注入新生命。2010年，香蕉棚定名為「香蕉碼頭」，成功轉型為高雄熱門的觀光景點。

🔊 日治時期堆滿香蕉竹簍的碼頭
（典藏號：KH2003.008.150-0007）

🔊 新完工香蕉棚及冷凍庫的樣貌
（典藏號：KH2016.010.216）

鳳梨及罐頭傳奇

　　在高雄，另一項知名的熱帶水果是鳳梨。鳳梨，又稱為菠蘿，早期臺灣的文獻中也稱為黃梨，是原產於美洲的一種熱帶水果，如何傳入臺灣已不可考。臺灣種植時間相當早，早在地方志書中就已見到種植紀錄。六十七《番社采風圖》中記載鳳梨「有香氣，而味甘酸；去皮可食」。足見鳳梨在清治時期已是重要物產。鳳梨適合生長在炎熱、日照較強的地區且具有耐旱性，因此多在高雄、臺南一帶淺山丘陵種植。臺灣早期的鳳梨種類有黃皮種、紅皮種、島皮種及無刺紅皮種等「在來種」，日治以後經過一連串的品種改良，有「Sarawak」種、「Smooth Cayenne」（又稱開英種，即我們所熟知的土鳳梨）等外國品種。綜觀日治時期鳳梨的產地，以鳳山、員林、彰化及嘉義等地為主。

　　然而，鳳梨極易腐敗不利於長途運輸。鳳梨能夠獲得大面積栽培的關鍵，實與罐頭的製造和普及有關。19世紀初，英國商人開始利用製罐儲存物品，進而發展出以密封方式保存食物，可一定程度延長食物保鮮。

　　談到臺灣鳳梨罐頭製造，不得不提到岡村庄太郎。岡村庄太郎為大阪人，1895年後隨著日本軍隊來臺，在臺灣初嚐熱帶水果鳳梨，覺得新鮮美味，具有敏銳商業頭腦的岡村，認為如果能銷往日本，肯定大受歡迎，而鳳梨製罐產業也受到臺灣總督府殖產局代理局長新渡戶稻造關注，在資金上給予岡村援助，並與岡村前後赴新加坡等地考察鳳梨製罐技術。

　　從國外考察回來的岡村庄太郎在政府的協助下，在鳳山一帶推廣種植鳳梨，將鳳梨罐頭製造從臺南搬到離產地較近的鳳山周邊，並在1902年，向臺灣總督府申請原清代練兵場土地開設鳳梨罐頭工場（約略今鳳山區中山路一帶）。一開始工場規模尚小，但旋即在隔年日本舉辦第五次國內勸業博覽會上，岡村的罐頭受到了關注，訂購量大增。1911年，岡村將公司改組為「臺灣鳳梨罐詰株式會社」，後改由佐佐木紀綱經營。隨後在殖產局主導下，引進上述提及的夏威夷等地新品種，加之1922年東洋製罐工場在高雄設立工場壓低製罐成本，迎來鳳梨罐頭事業的新巔峰。

🎧 《高雄州行啟紀念寫真帖》皇太子視察鳳梨田照片（典藏號：KH2021.049.0001_0034）
《高雄州行啟紀念寫真帖》中的一張老照片可看到有趣的一幕，鳳梨田中出現一顆大型的鳳梨造景，此即作為皇太子裕仁臺灣行啟到高雄迎賓的代表物品。

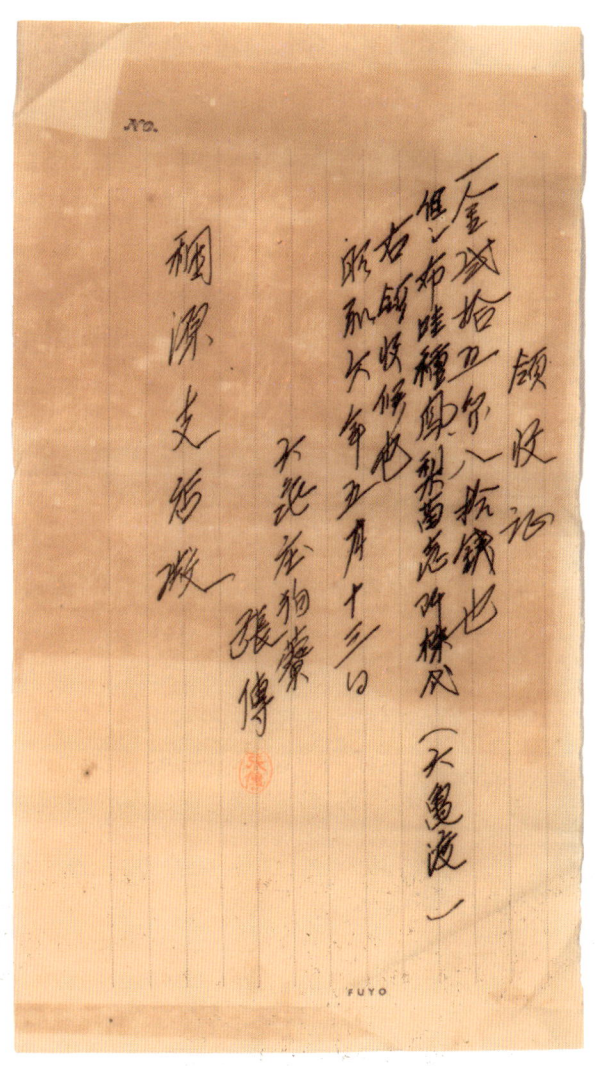

稛源商店購買鳳梨苗收據（典藏號：KH2020.002.0369）
本館特藏的「洪稛源文書」中，出現有六龜稛源支店向當地農民張傳收購鳳梨苗的付款收據。可見1930年代高雄地區的鳳梨種植不僅止在大樹丘陵，六龜地區也有鳳梨種植。

不過，過度惡性競爭導致不少罐頭工場倒閉，加上鳳梨又有流行病，一度重創鳳梨罐頭產業。1935年，由臺灣總督府主導成立「臺灣合同鳳梨株式會社」，確保鳳梨穩定收購價格，讓工場能繼續生產鳳梨罐頭。但緊接而來的太平洋戰爭中，因為鋼鐵資材日漸稀缺，導致製罐所需要的「馬口鐵」緊缺，加上盟軍對於工場的轟炸，致使鳳梨罐頭的生產遭到嚴重的破壞。

🎧 鳳梨罐頭外的包裝標示（典藏號：KH2006.024.001）
本件為臺灣合同鳳梨株式會社所生產鳳梨罐頭的包裝紙，該包裝紙色彩鮮豔，以切片中的鳳梨為主題，日、英文並用。「F.P.」是FORMOSAN PINEAPPLE（臺灣鳳梨）的縮寫，作為開拓歐美市場的品牌象徵。

二戰後，臺灣省行政長官公署接收了「臺灣合同鳳梨株式會社」，成為臺灣農林公司下的鳳梨公司。1955年，臺灣農林公司配合政府土地政策，成立臺灣鳳梨股份有限公司（下稱臺鳳），這間民營化的公司，配合政府東部拓墾荒地政策，推廣鳳梨栽種，並開設製罐工場，加速罐頭製造。此時，鳳梨罐頭外銷也由1960年代的200萬箱倍增到1970年代400萬箱的紀錄，為我國賺入不少外匯。

　　1970年代後，東南亞地區的外資投入鳳梨製罐工場，泰國、菲律賓的罐頭外銷逐漸取代我國。致使臺灣的鳳梨產業只能調整策略，以鮮食內銷為主，並開發如鳳梨酥等各種副產品等。在屏東大樹九曲堂一帶至今還留存「泰芳商會鳳梨罐詰工場」的幾棟建物，該工場是臺北大稻埕商人葉金塗於1925年在九曲堂設立的鳳梨製罐工場。如今也透過建物的保留，見證臺灣鳳梨產業的風華。

🎧 鳳梨工場的輕便軌道（典藏號：KH2022.019.0021）
鳳山地區的鳳梨罐頭工場依賴輕便軌道，快速將成品運往高雄港輸出。

香蕉鳳梨以外

　　除香蕉與鳳梨外，高雄還有許多重要的熱帶水果，根據高雄州農業年報顯示，1939年高雄州最具代表性水果分別為龍眼、檸檬及木瓜。木瓜更是十分美味且富有營養的熱帶水果，在清代的文獻中便記載先民將木瓜或醃漬或蜜漬以食用，亦有直接削果而吃，風味更佳。在日治時期不少明信片中都能見到木瓜的刊載，產地則以岡山、鳳山鳥松、旗山、屏東及潮州一帶為最優良生產地區，木瓜可直接生食、作為漬物或作為罐頭切片。然而，早期的木瓜未熟成之前仍是略帶苦味並不宜直接生食，歷經品種改良後，才逐漸能夠生食。

「高雄所見」明信片中的木瓜園（典藏號：KH2022.019.0058）

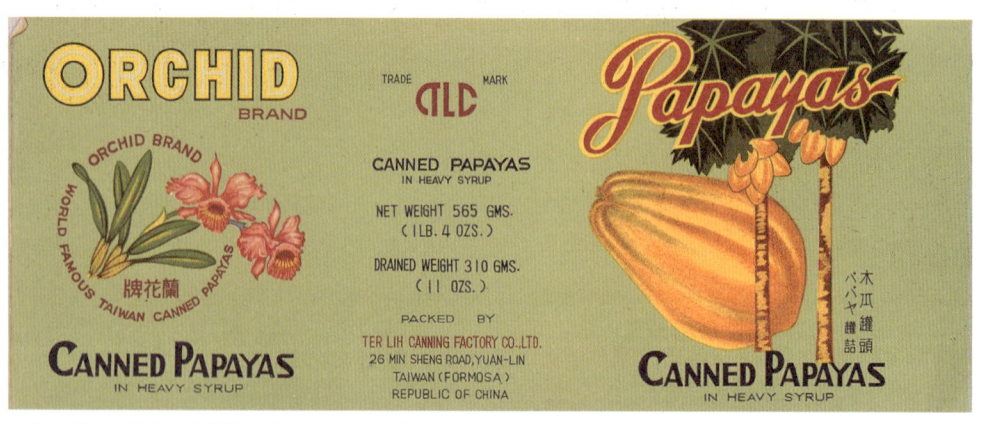

木瓜罐頭包裝紙（典藏號：KH2006.024.010）

其實，除了上述的熱帶水果外，根據高雄市政府農業局2024年統計，全市農業生產，主以水果為主要農產品，其中2022年之棗子、番石榴、梅及荔枝的產量在該年度都屬全國首位。另外，還有芒果、鳳梨、蓮霧、木瓜、紅龍果等知名水果盛產，讓高雄成為名符其實的水果王國。談完一場香甜的熱帶水果饗宴之後，緊接著來「戲說」高雄人的娛樂世界。

戲說高雄──
高雄人的娛樂文化

戲劇不只是娛樂消遣，亦是反映生活及人生的投影，「戲如人生，人生如戲」，戲劇可作為警世人生，亦也是讓苦悶的人生多了一層幻想的可能性，於是在祭儀中以劇情取悅神明、以戲偶儀式化解劫數，更以娛樂撫慰人心。本館有關戲劇娛樂的典藏品舉凡戲偶、道具、劇本、電影票、海報，還有「戲劇」在高雄各地演出時，不同劇種或不同年代的老照片，我們從典藏中可以觀察「追劇」在一百年來就已造就了市民的集體性，逐漸也成為了高雄人生活中不可或缺的習慣，甚至高雄還發展出後來時代中屬於臺灣全體記憶的歌廳秀，抑或是留存著臺灣僅存的偶戲文化。本主題即以本館收藏較為著名的戲劇娛樂典藏品，來探看一百年間不同世代的高雄市民，是看了哪些故事、是如何藉由追劇娛樂對自己人生下註解。

看電影、看戲隨人愛

　　伴隨漢人移墾來臺，傳統戲劇即開始在臺萌芽、生根，在漢人社會中扮演重要的角色，高雄也不例外，各種戲班活躍於傳統農漁村聚落，以民俗節慶、人生祭儀、廟口酬神為主要演出時機，皮影戲、傀儡戲、布袋戲、歌仔戲各領風騷。

　　1895年，也就是日本對臺灣展開統治的那年，法國盧米埃兄弟（Lumière）將攝像機和投影儀申請專利，同時在巴黎的一家咖啡廳售票放映電影，被認為是電影歷史的開始。1897年，盧米埃兄弟的電影來到京都，成為日本電影的開端。臺灣也沒有等太久，1898年，日本佛教真宗少年教會在臺北北門外放映電影，開啟臺灣電影的歷史。

　　1909年5月，打狗座設立於今鼓山一路與五福四路交叉附近，是目前已知高雄最早的戲院。1920、30年代，隨著第二次築港計畫的實施，以及市區改正計畫施行，原本滿布鹽田和魚塭的鹽埕區以嶄新面貌出現，並成為消費和娛樂中心。原本位在鹽埕埔的打狗座，因改地名而更名為「高雄座」，並易手經營權，後因建築本體是木造而被認定為危險建築，雖經整修卻於1921年遭禁止使用。同時間，高雄州州知事富島元治深感另建新劇場的必要性，在其請託下，由大坪與一出面籌組，「高雄劇場」在鹽埕今五福路近七賢路口新興。後續，金鴟館、壽星館、昭和館相繼在鹽埕開設，青年館亦坐落於與鹽埕一河之隔的前金；旗津則有「旗後座」。

　　除了高雄市中心外，周邊較熱鬧的城鎮也有戲院設立。如，左營有「興隆座」；鳳山有「鳳山座」；楠梓有「楠梓劇場」；旗山有「旗山座」、「大和座」；岡山有「岡山座」、「共樂館」；路竹有「共樂座」等。

　　不過，高雄劇場等多數戲院不只僅放映電影，還作為劇團、單口相聲、歌舞伎甚至是現代文明劇演出場域，不但為在臺的日本人提供慰藉，同時讓市民養成觀劇習慣。這樣「電影院」與「現代劇場」複合式空間經營模式，影響了二戰後高雄市民的娛樂的形式，如著名的大舞臺劇院即是一例。

　　儘管有電影、新劇等新娛樂出現，許多臺灣人仍鍾愛傳統戲劇。包括俗稱皮猴戲的皮影戲、有除煞祭儀功能的傀儡戲、又稱牛車戲一人即可搬演的布袋戲。在城鎮中，皆可於廟埕、廣場、私人宅院等場域看到偶戲演出，再經由不同族群的傳承及地域慣習呈現南北差異；不同戲種的劇團還會相互支援、甚至

有能操雙種劇偶的家族。

　　至今高雄是全臺唯一仍存續三大偶戲劇團的城市，亦是全國唯一登錄皮影戲為無形文化資產項目的縣市，並且有四個皮影戲團被指定為保存者，其中有三團的淵源可上溯到日治時期甚至更早。1994年，高雄岡山成立全國唯一一座皮影戲館，努力推動傳習保存與教育推廣。高雄也是全國唯二登錄傀儡戲為無形文化資產項目的縣市（另一為金門），指定為保存者的錦飛鳳傀儡戲劇團，更是唯一自日治時期活躍至今的劇團。

　　日治時期，電影文化與新的戲劇文化產生，但沒有對臺灣傳統戲劇造成排擠效應，正所謂看戲、看電影隨人愛，臺灣人因此多了許多看戲的選擇。

◉ 皮影戲表演時的景象（典藏號 KH2014.009.010）
　　早期臺灣人的娛樂活動相當有限，皮影戲成為重要的娛樂來源之一。圖為高雄東華皮影戲團受到到臺中新舞臺劇院表演，盛況空前的場景。

🔊 **傀儡戲偶－田都元帥（典藏號：SD2001.001.004）**
　　本館典藏的傀儡戲偶－田都元帥由錦飛鳳傀儡戲劇團購置的戲偶，值得一提的是，此戲偶頭部是屏東潮州「明興木偶雕刻社」所製作，錦飛鳳傀儡戲團至第三代都同時擁有布袋戲展演之技術，可見傀儡戲在高雄的重要特色。田都元帥是臺灣南部梨園所敬拜的戲神，常常作為扮仙戲開場。

🎵 皮影戲劇本《蔡伯喈》（典藏號：KH2021.066.0007）
此藏品出自本市無形文化資產皮影保存團體、位於彌陀區的永興樂皮影劇團。《蔡伯喈》是皮影戲文戲的代表、屬「上四本」之一，相傳《蔡伯喈》為崑曲《琵琶記》的片段，也是中國傳統劇目傳至臺灣保留下來的證明。

🎧 布袋戲偶－如來木偶（典藏號：KH2005.008.004）

本館典藏的布袋戲偶－如來木偶。至今高雄仍有好幾個布袋戲團活躍。傳統布袋戲有生旦淨末丑（雜）角色，如果說布袋戲的特色為戲偶的頭，而「雜」類通常涵括各種神仙、鬼魅、和尚等造型特異的角色，皆可由頭部的顏色與妝扮呈現不同樣貌，因此也可說布袋戲的特色正為戲偶的頭。

◯ 皮影戲偶頭（典藏號：KH2010.004.073）
高雄為皮影戲劇團的重鎮，無論從皮偶的牛皮取得甚至是製作，皆為皮影劇團家族所傳承。臺灣製作的皮影戲偶多分為頭與身兩部分，讓演出時有角色搭配可能性。鮮豔的染色及皮偶可雙面翻轉（雙面皆可用）是臺灣皮影戲著名的特色之一，也是獨有的製偶技術。

高松豐次郎與高雄

　　無論是從高雄或臺灣電影史的角度來看，高松豐次郎（1872-1952）都是重要的存在。高松豐次郎是日本福島縣人，年輕時在工廠工作，被機器切斷左手，未受到合理的補償，決定為勞工挺身而出，參與勞工運動。過程中，高松發現電影和劇團是「政治宣傳」可行之載體，開始積極投入電影放映與製作，並興建戲院。1904至1907年間，高松每年固定來臺五個月從事電影巡迴放映工作，1907年，應臺灣總督府委託拍攝「臺灣實況紹介」，是臺灣史上第一部紀錄片；1908年起，更將事業重心移來臺灣，在各地興建戲院，高雄也躬逢其盛。

　　1909年5月設立的高雄地區第一家戲院打狗座，即是由高松豐次郎所創立。總計高松在全臺共設立八間戲院，這還不包括可能是由高松籌設的鳳山地區第一家戲院鳳山座。為統整事業，高松豐次郎特別成立「臺灣同仁社」，處理戲院經營和節目製作等事業。1910年代，臺灣同仁社更將事業擴展到公共運輸和土地開發方面。1913年，以打狗驛（位置約略位於今哈瑪星舊打狗驛故事館）為中心，臺灣同仁社開始經營至市內各地均一價十錢的公共汽車，可說是高雄地區最早的公車業者。

◉ 日治時期第二代高雄車站前的公車（典藏號：KH2015.005.327）

◉ 高雄劇場，位於今日五福四路與七賢三路交叉處，1945年毀於空襲，後改建為亞洲劇院。
　（典藏號：KH2015.005.466）

你的表演得被准許

　　戲劇演出含有執政者對市民娛樂的態度，臺灣的歷史上有幾次執政者的「限制」及「開放」，進而影響各戲劇娛樂類型的消長，甚至是展演方式及商業模式。

　　日治初期之前，執政者對於劇目演出場地沒有太多限制，傳統臺灣戲劇多半在迎神節慶場合或受私人邀請，在廟前廣場及戶外臨時劇棚搭棚演出。1920年以後，隨著劇場的興建，建立售票的商業性質，部分演出逐漸轉向劇場內。不得不提臺灣原生劇種的「歌仔戲」，就是成功地進入商業劇場的傳統戲劇，歌仔戲在高雄劇場演出的盛況報導也曾見諸報端。1931年，高雄官民共同主辦港勢展覽會，歌仔戲等傳統戲曲還被列為受邀演出的項目。

　　1930年代後期，臺灣逐漸進入戰時體制，執政者一改對戲劇的「開放」態度，1937年，日中戰爭爆發，「禁鼓樂」政策實施，使傳統戲劇無法在戶外演出，只能透過在戲院低調演出的方式，延續傳統戲劇火苗。電影和新劇雖較不受限，但內容大量增加尊皇愛國和皇民化運動的元素，同樣無法置外於戰爭體制。

　　二戰後期，戰局更趨白熱化。1941年4月19日，皇民奉公會成立，全民都被納入奉公會體系當中，總督府對戲劇娛樂管控更加嚴格，演出語言、內容及場地無不限制。1942年「臺灣演劇會」娛樂委員會成立，所有戲劇演出都需受該會審核，各地的劇場紛紛上演皇民化劇目，傳統戲劇也不能「免俗」地演起日本愛國故事，以求生存。如高雄，在日本民俗學家山中登主導下，讓皮影戲團北上臺北演出桃太郎的劇碼，獲得日本當局認可。把高雄的皮影戲劇團編為「第一奉公團」（大社張德成家族、今東華皮影戲團）和「第二奉公團」（林文宗），讓傳統皮影戲在皇民化運動下得以保留。

皮影戲全身偶（典藏號：KH2013.001.264）
　　皮影戲多以傳統民間故事為演出腳本，造型上多以生旦淨末丑（雜）為主。然而此典藏品卻呈現特殊的日軍造型，是日治末皇民運動時期的皮影戲偶，頗富有時代特色。

◉ 紙芝居木箱（典藏號：KH1999.004.176）

紙芝居（かみしばい）是日本特有的一項表演藝術，可獨自由一人聲調加上音樂及圖卡演出。約於1930年代傳入臺灣，最初用於傳教，爾後廣泛用於公學校教育，在戰爭體制下，也成為最重要的傳播媒體。1941年由皇民奉公會設置「臺灣紙芝居協會」，主導在表演中以使用日語演出、臺語翻譯的方式，進行皇民化宣傳。本館此件典藏品，即是以戰爭為主題的演出作品，而背後則有日文及臺語（片假名加上漢字）標示故事對白。

多元娛樂選擇

　　二戰後，日本人離開臺灣，當時高雄日本人經營較具規模的劇院已有19間。1946年2月，臺灣省行政長官公署公布「臺灣省電影戲劇事業管理辦法」，並成立「臺灣電影事業股份有限公司」（簡稱臺影）接管原由日人經營的影劇事業。1947年，長官公署改組為省政府，奉中央之命，將臺影移交中國國民黨臺灣省黨部負責經營；同時通過「電影戲院經營辦法」，將戲院分為直營和租賃兩種，過去日人所經營的戲院，如金鵄館轉型為黨營的光復戲院；壽星座變為黨營壽星戲院。另高雄劇場則毀於二戰時的空襲，1961年原地重建為亞洲戲院。

◐ 大舞臺電影院海報（典藏號：KH2006.002.069）
　海報上廣告的是1965年上映的臺語電影《哀愁的火車站》。1955年至1972年為臺語片興盛的年代，從紀錄片、武俠片、古裝片、歌仔戲等類型百花齊放。

除了日治時期創立的老戲院，二戰後新成立的戲院更多，有些戲院的名號，甚至成為老高雄人重要記憶的一部分。以日治後期至戰後初期最繁華的鹽埕區為例，1946年在今鹽埕大仁路創立的大舞臺戲院，就是一個承載著老高雄人滿滿回憶的戲院。其是由時任省參議員郭國基所設立，最初專演京劇、歌仔戲及播放電影。1950年代改以放映西洋電影為主，兼而舉辦活動及邀請歌舞劇團演出。1970年代，郭國基的媳婦林月姮出任經理後，發展出結合藝廊、咖啡店、書苑、出版社、遊樂場的複合式經營模式，生意興隆，許多中北部劇院經營者還特地南下參訪。

🎧 於大舞臺戲院採集遺落之娛樂用代幣（典藏號：2013.029.021）
2013年大舞臺戲院拆除前，本館採集之娛樂用代幣。大舞臺戲院是戲院複合式經營的代表，由省議員郭國基經營，經營觸角延伸到書苑、藝術咖啡廳、遊樂場等，吸引許多業者千里迢迢來到高雄取經。

戲說高雄──高雄人的娛樂文化

鹽埕區還有位於鹽埕街1950年代創立的國際戲院，是以歌仔戲與新劇演出而著名，凌波、葉青等影星都曾來這演出，造成萬人空巷盛況。此外，尚有府北路的港都戲院；瀨南街的金城戲院；城中城大樓內的國宮戲院；地下街的金地、銀地戲院等，都是可以讓老高雄人如數家珍的戲院。

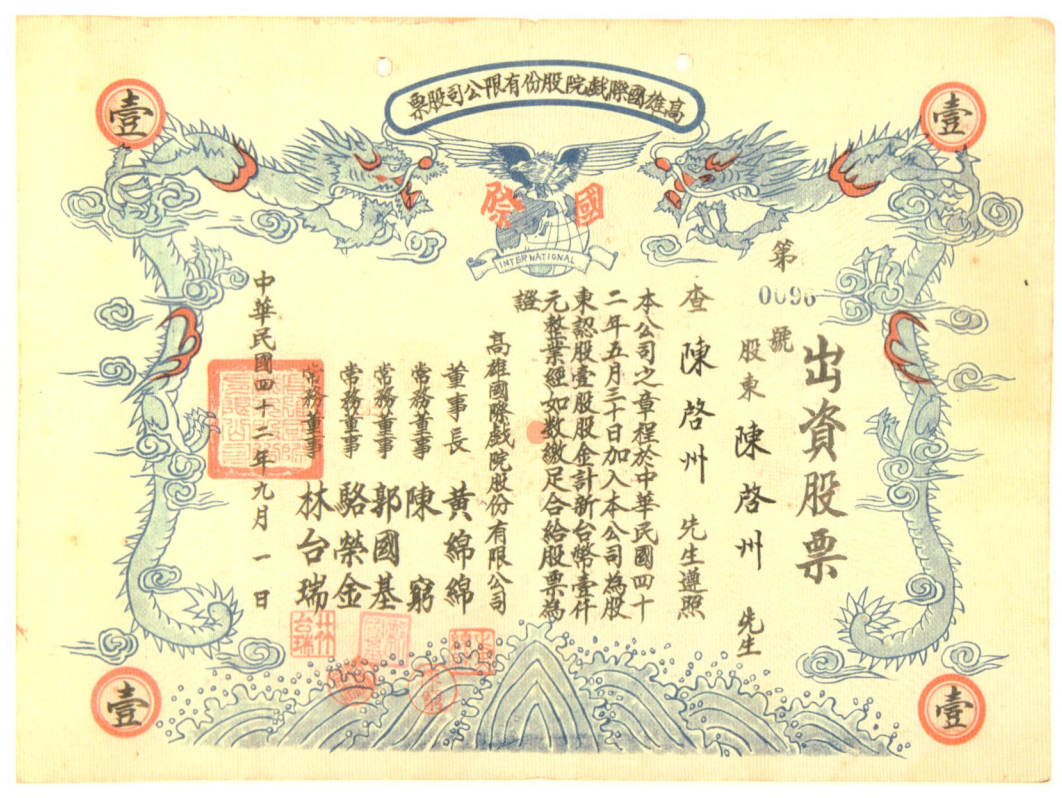

◎ 國際戲院股票（典藏號：KH2011.006.004）
國際戲院早期以內臺戲演出聞名，為鹽埕區代表戲院之一。股票持有者陳啟州，是高雄陳家陳中和的姪子。

🔑 **金塔電影院暨西餐廳鑰匙圈**（典藏號：KH2021.061.0005）

　　金塔餐廳位於高雄車站商圈的林森路上，一樓作為西餐廳，二樓為戲院，屬複合式經營的戲院。鑰匙圈一面陽刻戲院資訊，一面陽刻餐廳資訊，是複合式經營的代表典藏品。

戲說高雄──高雄人的娛樂文化

1960、70年代，臺灣經濟開始起飛，電視與卡式錄影帶開始出現與普及，民眾的視聽娛樂選擇更加多元，如同大舞臺戲院複合式經營的戲院越來越普遍。另一方面，由於電視與觀眾隔著螢幕，終究是有距離感，且演出尺度也受到限制，歌廳秀因此應運而生。位於八德路與同愛街交界的「藍寶石大歌廳」，可說是高雄的大歌廳代表。藍寶石大歌廳能請到大牌明星南下主持和表演，且有電視看不到的華麗歌舞秀及超越尺度的短劇，配合位於高雄車站附近的便利交通，吸引大批民眾聞風而至觀賞演出，甚至還發生其他歌廳為爭搶當紅明星演出的槍擊事件，至今還是民眾茶餘飯後的話題。

🎧 藍寶石大歌廳海報（典藏號：KH2017.008.002）
　藍寶石大歌廳是1960、70年代流行的新型態娛樂場域，將原本露天野臺秀搬入室內，同時臺下設有桌椅提供餐點，臺上則有樂隊、主持人及明星表演。當時曾有「沒上過藍寶石，要成為當紅歌星很困難」的說法。

90年代之後，這些延續內心世界的戲劇娛樂場域也因經濟、商業消費方式轉變而此消彼長，甚至還有娛樂選擇的改變而使這些曾紅極一時的劇場、歌廳進入了蕭條時期，然而不變的是市民還是愛看戲的，多元的時代得自由地選擇詮釋自己戲說人生的場域。在談完了一百年間高雄市民悠遊於內心之所處，下一篇章就讓我們試圖由視覺想像進入體感，討論現實空間中高雄市民休憩的「身體之所處」。

藍寶石歌廳關門歇業的新聞報導（典藏號：KH2022.019.0072）
隨著娛樂形態的改變，紅極一時的秀場文化也逐漸沒落，連最具代表性的藍寶石歌廳，都沒能躲過，於1990年代後也告別舞臺。

高雄去哪玩？——
高雄的休憩空間大解謎

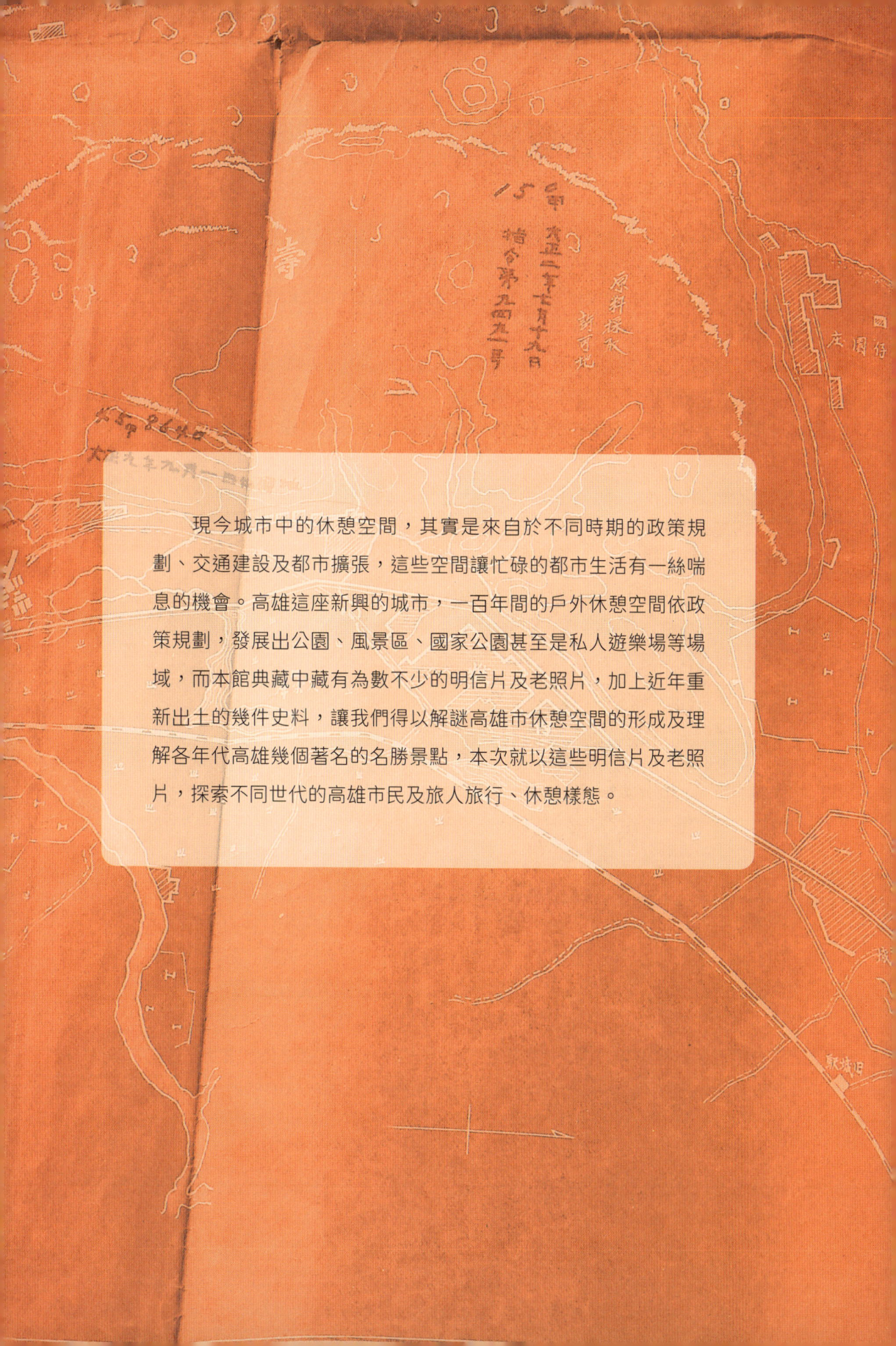

現今城市中的休憩空間，其實是來自於不同時期的政策規劃、交通建設及都市擴張，這些空間讓忙碌的都市生活有一絲喘息的機會。高雄這座新興的城市，一百年間的戶外休憩空間依政策規劃，發展出公園、風景區、國家公園甚至是私人遊樂場等場域，而本館典藏中藏有為數不少的明信片及老照片，加上近年重新出土的幾件史料，讓我們得以解謎高雄市休憩空間的形成及理解各年代高雄幾個著名的名勝景點，本次就以這些明信片及老照片，探索不同世代的高雄市民及旅人旅行、休憩樣態。

跟著繪葉書去旅行

　　臺灣清治時期即有所謂「臺灣八景」、「臺邑八景」，主要是由官宦遊人及文人騷客所挑選，用來紀錄所見所聞及寄託旅外情感。其中乾隆年間記載「臺邑八景」中的「旗尾秋蒐」，指的是今旗山旗尾山秋天收穫的景象，是已知高雄地區最早入選的八景。

　　清末至日治時期，有不少西洋畫或日本畫畫家來臺，以繪畫、文學作品紀錄他鄉風景的見聞，並同時藉由文圖介紹回國內。隨著日治時期1908年縱貫鐵路通車，交通移動方式的改變，人們習慣的空間經驗亦被改變，這種經驗更影響了旅人對於「風景」及「旅行」的想像，如何紀錄這種親身體驗的歷程，在照相技術尚未普及之前，確實仰賴了各式文字及手繪。

　　19世紀中葉明治維新後，明信片從西方傳到日本，日本稱之為「郵便葉書」，簡稱「葉書」，如在葉書上放上照片或繪製一幅圖畫，則稱為「繪葉書」（エハガキ），即我們慣稱的「風景明信片」。1900年，日本官方開放民間可以發行明信片，並規範繪葉書的製作規則，對繪葉書的流傳影響深遠。同年，郵便法在臺灣施行，也開啓繪葉書引進臺灣發行的契機。很快地在1910年代，高雄已有不少印製及販售繪葉書的地點，著名者如位於哈瑪星的山形屋就是。

　　繪葉書也是統治者呈現殖民視覺意象的一種方式，加上1920年代後照相技術逐漸普及，新聞搭配照片成為當時報紙排版的常態，而結合八景、名勝、宣傳國力的展覽會、鐵道等主題的明信片普遍被生產、銷售，作為旅行紀念品流通。

　　1927年，臺灣發行量最大的報紙《臺灣日日新報》仿效日本選出「日本新八景」的方式，舉行「臺灣新八景」徵選活動。第一階段先由民眾以通信票選的方式，選出前20名候選名單，名次占權重30%；活動一展開，各地官民組織即開始動員拉票，甚至是灌票，票選結束，總計投票數竟高達3億6千萬票，當時全臺人口才不過四百多萬人。第二階段是由官員及專家學者共22人組成委員會審查，占權重70%。最終在8月下旬公布結果，在八景之外，還多了十二勝、雙絕。其中，壽山入選臺灣八景；旗山則入選十二勝。

🎧 吉田初三郎繪雙絕臺灣八景明信片組－壽山（典藏號：KH2022.019.0010）

　　吉田初三郎（1884-1955）是以繪製鳥瞰圖著名的日本畫家，作品曾受到天皇的讚賞。1935年，吉田初三郎應邀來臺製作「八景」、「十二勝」、「雙絕」繪葉書及「臺灣大鳥瞰圖系列計畫」，並在臺灣日日新報社舉辦作品展，同時作品由該報社發行。

🎧 高雄州旗山名勝繪葉書－皷山公園全景（典藏號：KH2022.019.0009-0003）

　　旗山雖未入選1927年票選的臺灣八景，但仍被選為十二勝之一，旗尾山風光，更是在清乾隆時期就被入選為「臺邑八景」，是高雄地區唯一入選者。

高雄去哪玩？——高雄的休憩空間大解謎　153

在日治時期繪製高雄風景的旅人畫家，則以東京美術學校出身、遊學過法國的小澤秋成（1886-1954）最為出名。1931年，小澤來臺尋求創作題材，順而被延攬為第五回臺灣美術展覽會的審查委員，之後又續任第六、七回審查委員。其間，小澤又受高雄市役所委託繪製高雄新興都市意象的圖畫，於1933年間長住在西子灣的旅館。他前後約繪製30餘幅體現高雄氣候、海港特徵的風景系列作品，並在高雄市尹辦公室展出，從州知事以降許多官員趨之若鶩前去參觀，這些作品也被印製成繪葉書廣為流傳至今。

壽山の散步道　高雄市役所選　小澤秋成筆

🎧 由小澤秋成繪製油畫製成的「高雄紹介」明信片「壽山の散步道」（典藏號：KH2021.053.0001-0014）
1933年高雄市役所挑選小澤秋成描繪的高雄風光油畫製成「高雄紹介」明信片組，當時一共挑選13張關於高雄各地風景的畫作。本張為「壽山の散步道」，呈現的畫面是由壽山近山腰處往高雄港內眺望，地點大約位在靠近高雄神社（今高雄市忠烈祠）鳥居附近的山路上，畫面最遠處聚落即是旗津，近處聚落則是哈瑪星。

154　典藏高雄：高雄市百年物語

阿祖級的遊樂園

　　隱身在旗山郊區的三桃山遊樂園，是現存臺灣最老的私人遊樂園，已經有將近90年的歷史，堪稱是「阿祖級」的遊樂園。三桃山遊樂園原名「秋涼山」，是由旗山仕紳陳秋涼於日治時期1937年所投資創立。由於園內有仿《西遊記》興建的花果山水濂洞，洞口上方設計三顆大仙桃造型意象，而有「三桃山」之名。園區創立之初，完全免費入園。第二代陳崑山夫婦接手後，不斷擴增園區遊樂設備，甚至還設立小型動物園，引進劇場表演，因維護所費不貲，才開始收門票，但門票價格還是相對低廉，遊客依然眾多，盛極一時。現今園區仍持續屹立在旗山郊區。本館目前典藏20幾張不同時代三桃山的照片，見證了三桃山承載了橫跨不同世代的回憶。

🎧 1950 年代的三桃山（典藏號：KH2011.009.095）

🎧 1960 年代的三桃山（典藏號：KH2002.013.029）

百變壽山

「壽山」之名出現前，其實有好幾種名稱。早期漢人稱之為打狗山或打鼓山，據說與平埔族語有關；清治後期來到高雄的西洋人，則較多稱之為猴山；1921年，因應前一年地名改正，曾短暫改稱為高雄山。

在還沒被稱為壽山之前，壽山就已經以多樣面貌呈現在人們面前。它既是打狗社平埔人曾經安身立命的地方，也是周遭漢人採集資源的區域；又可以是清代文人避難、歌詠及埋骨場所，或是宗教人士建廟修行的寶地，抑或是西洋人進入打狗港的地標。

日治初期，官方將壽山定名為打狗山，並在1907年指定為保安林，種植相思樹林。1910年代，哈瑪星橫空出世於山腳，越來越多的旅館、餐廳開在打狗山南邊或西邊山坡周邊，加上神社興築、小公園設置及海水浴場開發，預示未來壽山將成為高雄名勝。

1920年，臺灣實行地方制度改正，高雄州成立。首任知事提出將高雄山打造為森林公園的構想。1923年裕仁皇太子行啟臺灣，下榻高雄山的貴賓館，日人以向皇太子祝壽為名，將高雄山更名為壽山，貴賓館更名為壽山館。高雄州的森林公園計畫也因皇太子的「加持」而快速實現，甚至比原規劃規模還大。1924年，壽山公園開闢計畫展開，特別聘請有日本「公園之父」稱號的林學博士本多靜六負責規劃。

時序來到1930年代中期，這時的壽山被名列為「臺灣八景」之一，環山道路環繞，擁有全高雄州社格最高的「縣社」級神社（戰後成為高雄忠烈祠）。此外，壽山還多了高爾夫球場、運動場，以及好幾座涼亭，造訪的市民及觀光客絡繹不絕，儼然是高雄最有名的風景區。

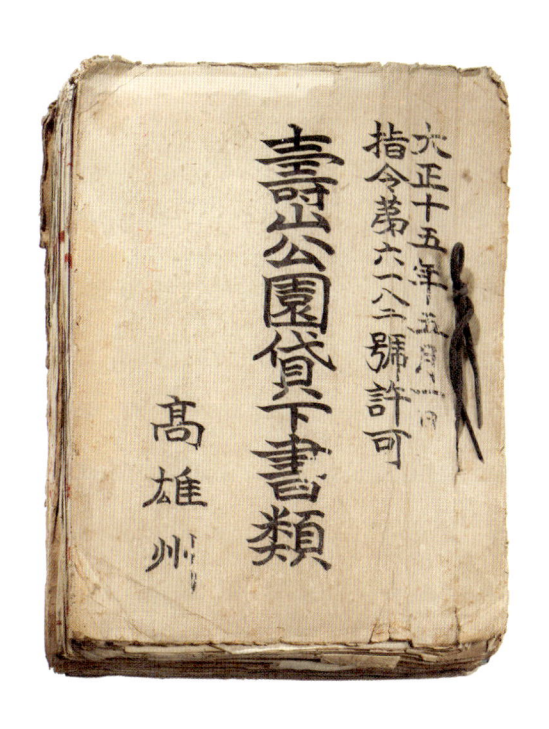

🎧 **壽山公園貸下書類**（典藏號：KH2020.019.0127）

本館典藏的《鳳山地政史料》中發現有〈壽山公園貸下書類〉，該書類呈現壽山公園的規劃，包括土地取得、種植樹種、範圍、道路開闢、地圖，以及未來公園營運計畫，可以一窺日本當局對未來壽山的想法與藍圖，是目前罕見壽山公園相關的一手史料。

位於壽山山腳的西子灣，原本只有設備陽春的海水浴場，伴隨壽山公園開發計畫，西子灣的設施也不斷增進。1928年，西子灣隧道竣工（當時名稱為壽山洞），縮短了西子灣與高雄驛（即後來的高雄港站，今舊打狗驛故事館附近）的連結。至1930年代中期，西子灣海水浴場已經擁有更衣室、廁所、大型休憩所、食堂、兒童池、溫水浴場及賣店，設備齊全；此外，西子灣還開設了臨海、伊藤兩家旅館，前面提到的小澤秋成，曾經在臨海旅館長住，創作出30餘幅高雄風光的風景畫。《臺灣日日新報》甚至以「高雄新名所」來報導西子灣這個休憩及促進健康的新景點。

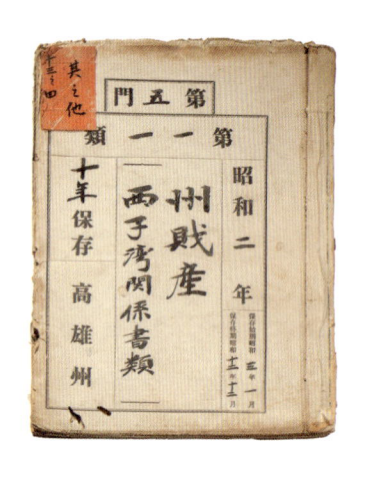

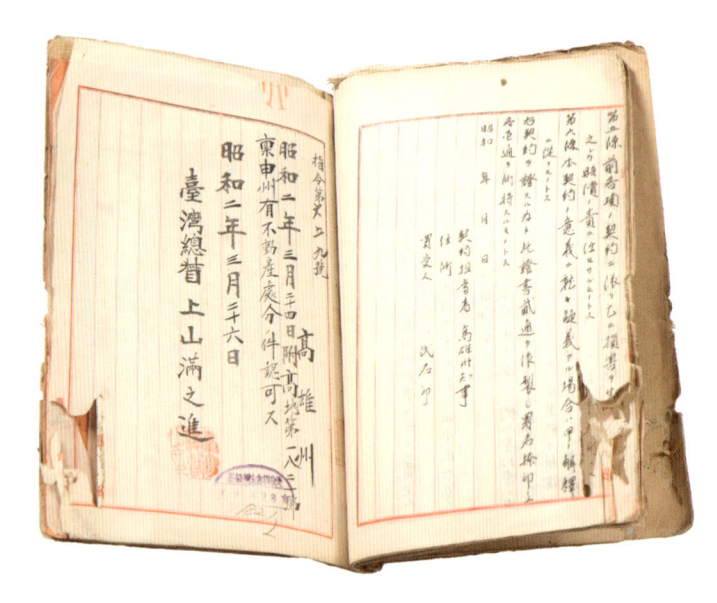

🎧 西子灣關係書類（典藏號：KH2020.019.0018）
本館典藏的《鳳山地政史料》中紀錄高雄州相關財產，其中便有西子灣所在壽町的土地買賣及建設紀念公園的經費來源。該份文獻對於西子灣各項設施的由來，能有更深層的了解。

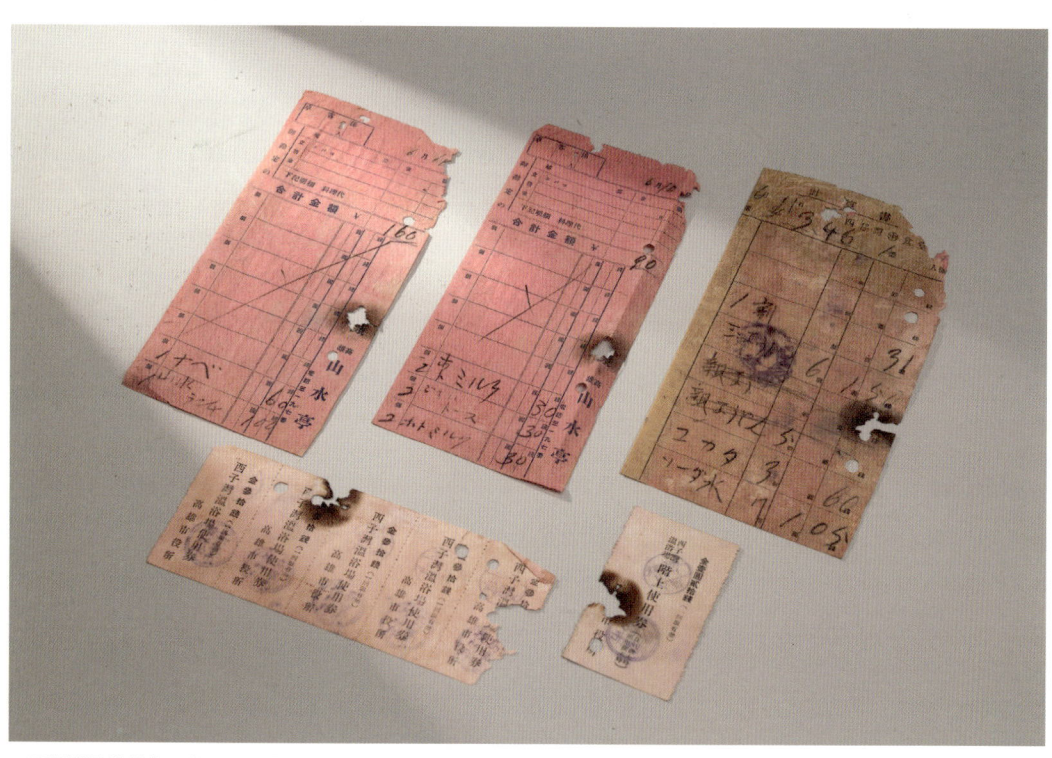

◐ 西子灣溫浴場使用券及西子灣食堂收據明細（典藏號：KH2001.013.084）
西子灣於1910年代便有海水浴場，更於1935年完工啟用「溫浴場」，該建物為兩層樓建築，樓下是男女分開使用的溫浴池及高雄土產賣店；樓上是休息用客室。戰後為軍方接管，1952年成為總統蔣中正的「西子灣行館」。2004年被指定為直轄市市定古蹟。

🎧 南臺灣知名的西子灣海水浴場（典藏號：KH2003.008.134）
炎熱的南臺灣，海水浴場成為民眾消暑休閒的熱門選擇。高雄最早的海水浴場位於旗津，而西子灣海水浴場則於1916年開始規劃建設，並於1917年正式對外開放。隨後，浴場增設了休憩所、賣店、更衣室與清潔室等多項附屬設施，完善了遊客的體驗。1928年壽山洞開通後，促進了西子灣與哈瑪星之間的交通聯繫，使西子灣成為日治時期高雄重要的休閒娛樂地點。

↑ 南臺灣知名的西子灣海水浴場（典藏號：KH2022.019.0040）

1937年,日中戰爭爆發,日本軍方在壽山設置高雄要塞司令部,隸屬臺灣軍司令部,並在周邊布置三處防砲陣地。日治末期,臺中以南都成為高雄要塞防守範圍,為臺灣中南部的軍事中心。由於軍事設施設置,壽山大部分都被劃入管制區,只有神社及部分海水浴場區域開放。原本規劃讓人親近的高雄名勝壽山,瞬間被蒙上軍事和政治的神祕色彩。

　　二戰後,臺灣政權轉換,但壽山的軍事功能及地位不變,中華民國政府仍在此設立高雄要塞司令部,壽山大部分區域仍是軍事管制區,儘管動物園和中山大學的先後設立,讓壽山比較親民些,但多數時候,地方政府和民眾提出對壽山的需求,都不被軍方認同。

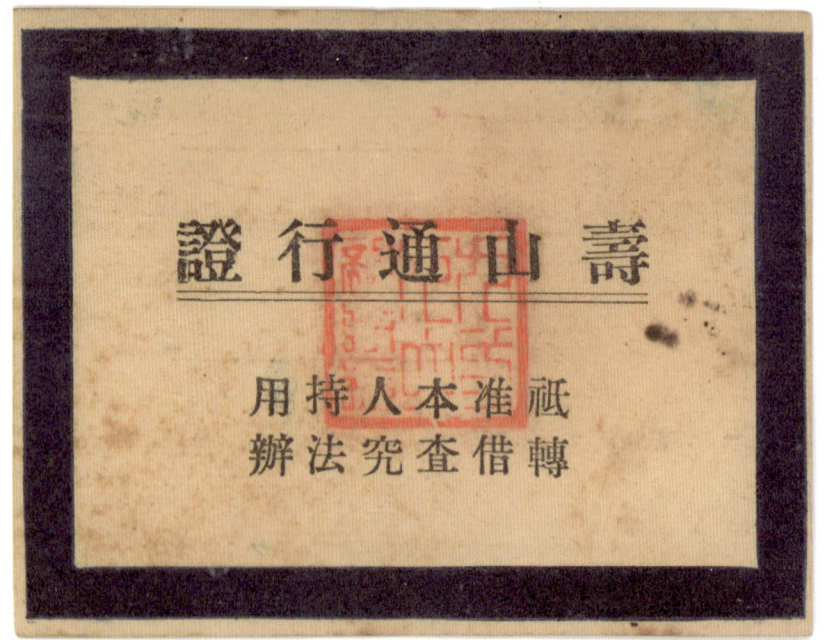

🎧 謝掙強壽山通行證（典藏號：KH2020.003.0064）
本館典藏1950年代二戰後第一屆高雄市長「謝掙強壽山通行證」。當時的壽山仍屬管制軍區範圍,進出壽山都需要證件,即便是市長,進出壽山也需要通行證,遑論一般市民。

1980年代後期，臺灣解除戒嚴，臺灣社會威權氣氛逐漸淡去，壽山也開始因重視保育生態及對土地議題的反省，在非政府組織及市政府推動下，成立自然公園議題開始重新討論，希望壽山能夠逐步開放，並回歸綠意盎然充滿自然生態的山林。2009年，時任高雄市長陳菊，向曾任高雄市長的行政院長吳敦義提議成立國家級壽山自然公園，獲得採納。2011年，行政院核定壽山國家自然公園計畫，確認壽山國家公園的具體範圍涵括壽山、半屏山、大小龜山、鳳山縣舊城、旗後山。2019年，壽山國家自然公園管理處成立，終於將日治時期計劃許久的「公園」劃分出屬於都會邊緣淺山型園區的專責單位。完全開放且綠意盎然的壽山將指日可待。

🎧 壽山高爾夫球場會所（陳啟川拍攝，典藏號：KH2021.005.0243）
原為壽山高爾夫球場會所的「小白宮」，目前位於軍事管制區內，亦是曾經拘留過張學良的住所。

🎧 陳啟川攝影壽山的高爾夫球場（陳啟川拍攝，典藏號 KH2021.005.0045）
壽山高爾夫球場啟用於1935年，但隨後因壽山於1937年便劃入軍區而廢止。

一碧萬頃澄清湖

　　澄清湖的功能演變，可以說是臺灣產業發展的歷史縮影。澄清湖在清治時期稱為公爺埤，又有大埤或大埤湖的稱呼，是曹公圳灌溉系統中較大的埤塘，負有農業灌溉的功能。日治後期，高雄城市明確被定位為發展工業，為因應工業用水大增，1940年，高雄州著手進行工業專用水道建設，目標將原大埤湖擴大為工業用水貯水池，取下淡水溪（今高屏溪）水，藉曹公圳圳路送入池中，並修築環湖道路，劃定周邊200公頃為水源保護區，造林養護；又興建長九公里、直徑1.2公尺的送水管，將水輸送到工業地帶，預計一日送水量為7萬6千噸。1943年4月，高雄市工業用水道竣工，9月開始通水。大埤湖從農業灌溉水源搖身一變為工業用水源。

🎧 澄清湖風景明信片（典藏號：KH2003.003.077-0003）
　　1970年代發行的高雄系列彩色風景明信片，一組共有十件，其中包括風景區牌樓、高雄圓山飯店及全區空拍照等三張均是澄清湖相關的風景明信片，足見澄清湖在高雄的觀光地位。

戰後初期，大埤湖作為工業用水的定位不變，初期供應戲獅甲工業區使用，1950年代，透過美援經費引進設備、加大貯水量，用水供應擴大到高雄各工業區。與此同時，澄清的湖面、旖旎的風光吸引更多遊客駐足欣賞。1959年，環湖四周成為風景區，此後如九曲橋、水族館、澂清樓、中興塔等地標建築先後興建，讓觀光客趨之若鶩。1963年，蔣中正總統將「大貝湖」改名「澄清湖」，成為大高雄地區代表性觀光景點之一，儘管澄清湖仍定位為工業用水庫，但觀光形象反較為一般大眾所周知。

　　1980年代，受到製造業轉型及另一座工業用水庫鳳山水庫興建的影響，澄清湖供應工業用水量逐年減少，反又回到以供應灌溉及民生用水為主的型態。而作為觀光景點的澄清湖，常常是南部學校校外教學或是旅行的必遊景點，承載許多高雄人年輕的回憶；2000年，園區內成立臺灣第一座以人工濕地為主題的公園，觀光澄清湖又多加了環保教育功能。

○ 澄清湖九曲橋水彩畫（典藏號：KH2005.004.006）
本件水彩畫是高雄著名畫家洪傳桂捐贈給本館的畫作。畫中描繪的是1976年澄清湖著名的地標景點九曲橋。九曲橋是1960年興建的人行湖上造景橋，橋長230公尺，是澄清湖被賦予觀光功能的代表建物和景點。

飛天鑽地的遊樂場

　　提到許多高雄人的年少回憶,「大」字輩百貨公司的空中遊樂場,恐怕占有一席之地。「大」字輩百貨公司創始人吳耀庭,少年時期曾隨家人到吉井百貨遊憩,因受到勢利店員的刺激,而萌發自己開設百貨公司的想法。1958年夢想實現,在鹽埕開設了大新百貨,引進臺灣第一座手扶梯及專門服務手扶梯的服務小姐,吸引許多民眾特地搭車前往大新消費兼搭手扶梯,留下不少搭手扶梯的老照片甚至是文學作品,可見當時的盛況。

　　1975年,吳耀庭又在新興區開設大統百貨。這次他引進了1950年代日本流行在百貨大樓頂樓設置空中遊樂設施的做法,讓大人逛街,小孩亦可同樂地增進消費。屋頂上的雲霄飛車、海盜船、旋轉木馬,還有整點報時的娃娃兵,至今仍讓許多高雄人記憶猶新。有趣的是,大統百貨的

🎧 大新百貨擁有臺灣第一座電扶梯,當時還配有電扶梯小姐,相當新穎流行。
（典藏號:KH2013.006.001）

🎧 大統百貨風景明信片（典藏號:KH2003.003.077-0006）

人潮，帶動了商圈轉移，鹽埕商圈開始沒落，形成吳耀庭自己創立的大統百貨，打敗自己創立的大新百貨情況。1984年，吳耀庭又在同為五福路與大統百貨僅數百公尺之遙的地方創立大立百貨，同樣也設置空中遊樂設施，並且引進許多日系品牌，與大統百貨共同引領風騷。1995年，大統百貨因一場火災而落幕，大立百貨則仍屹立於五福路商圈。

　　活在許多高雄人記憶中的，除了「大」字輩百貨公司的空中遊樂場外，可能還有舊高雄市政府前、愛河畔的地下街商場。高雄地下街於1978年開幕，地面是中國園林形式的仁愛公園，地下則開設了三百多間商店，經營項目有冰宮、電影院、百貨公司、西餐廳、書店、遊樂場等各種類型，每個人到那去都可以找到自己的需求。可惜的是，1989年的一把無名火，讓地下街消逝在市民的生活中，只能在記憶中留存。

仁愛公園風景明信片（典藏號：KH2003.003.077-0007）

高雄地下街內部（典藏號：KH2021.003.0014）

高雄去哪玩？——高雄的休憩空間大解謎　　**167**

隨著不同時期高雄宜人的景色被接續設計、保留甚至推廣，市民的休憩範圍也不斷地擴大。從澄清湖的發展可發現，具有複合式功能的休憩場域隨著城市建設更被重視，如今日的滯洪池等設施，亦是同時兼具調節城市與撫慰市民身心的功能，讓節奏快速的都市生活得以獲得舒緩。城市在兼具便利交通、充分的休憩空間、平衡的產業及工作機會後，宜居也宜移居，每個世代除了已留下來的市民，而誰又將成為高雄人？待我們繼續一同尋找答案！

○ 高雄市內重要觀光景點──愛河（典藏號：（上）KH2003.008.148、（下）KH2005.019.022-0006）
愛河作為高雄市重要的觀光景點，從建國橋下至高雄橋闢建為愛河公園，旖旎風光，吸引不少市民及觀光客到訪。然而，至1970年隨著城市的擴張，愛河逐漸污染。高雄市政府積極辦理整治，歷經40餘年，方才見效，讓愛河重回市民生活。

誰是高雄人？──
是誰把高雄變大了？

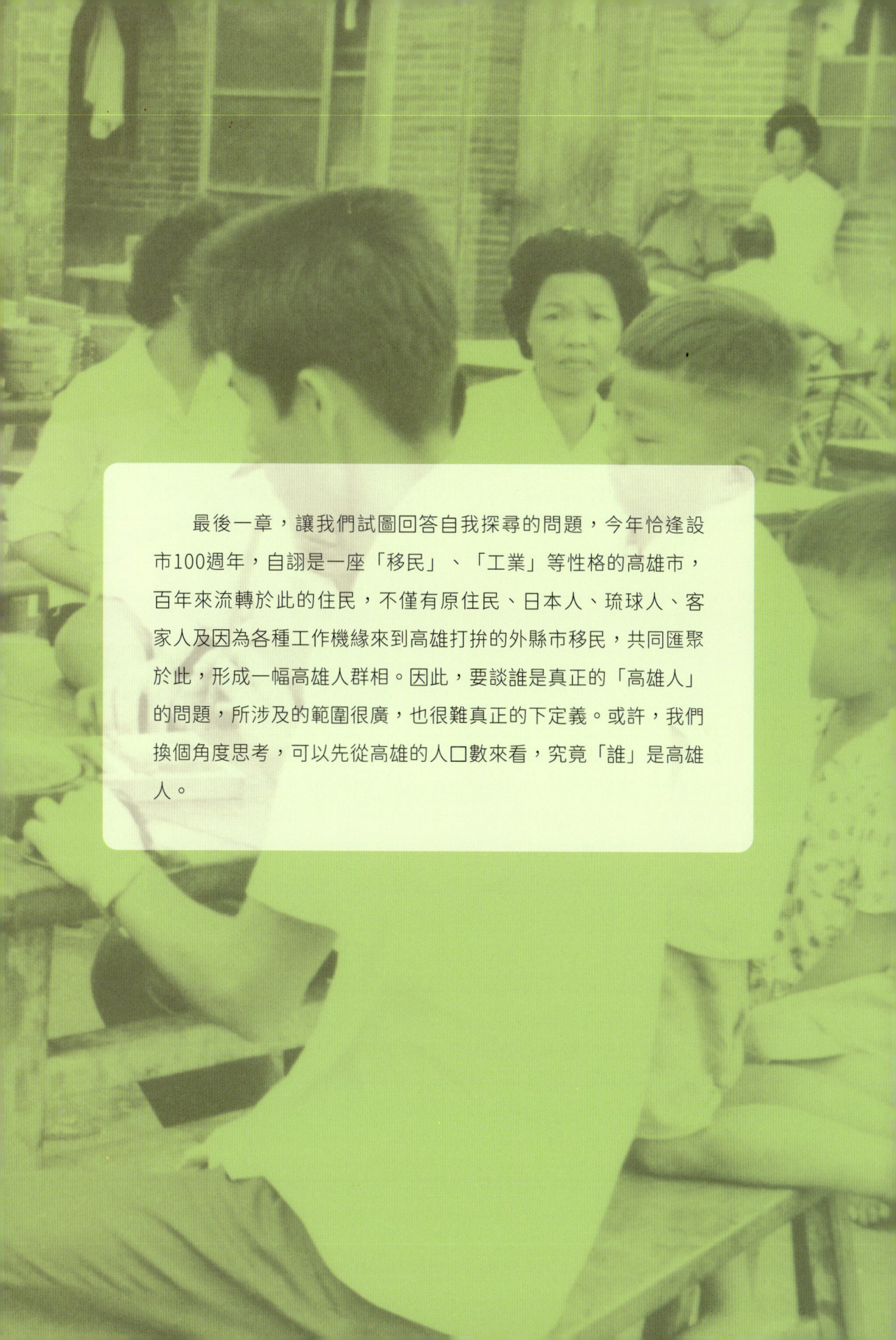

最後一章，讓我們試圖回答自我探尋的問題，今年恰逢設市100週年，自詡是一座「移民」、「工業」等性格的高雄市，百年來流轉於此的住民，不僅有原住民、日本人、琉球人、客家人及因為各種工作機緣來到高雄打拚的外縣市移民，共同匯聚於此，形成一幅高雄人群相。因此，要談誰是真正的「高雄人」的問題，所涉及的範圍很廣，也很難真正的下定義。或許，我們換個角度思考，可以先從高雄的人口數來看，究竟「誰」是高雄人。

一點一點加入的高雄人

　　讓我們回到最初設市的高雄，1924年12月25日，臺灣總督府宣布廢除高雄郡，將高雄街改為市制，當時市區僅集中於今日旗津、哈瑪星、鹽埕、內惟及苓雅、前金、新興等區部分區域。人口僅僅只有42,019人，當時人口最多的分別為今日的哈瑪星、旗津及鹽埕一帶。

　　值得注意的是，相當於今日高雄市的原日治時期高雄州的岡山郡（10.8萬）、鳳山郡（7.5萬）及旗山郡（5.8萬），人口都還超過了僅有四萬餘人的高雄市。1932年12月1日，地方制度改正岡山郡左營庄轄下的前炒尾及桃子園二個聚落併入高雄市，也使得同年度高雄市人口超越旗山郡。

　　1940年，行政區劃再將原隸屬高雄州岡山郡的左營庄、原隸屬鳳山郡的鳳山街籬仔內、崗山仔及小港庄的草衙、佛公等聚落，併入高雄市，因為行政區劃的調整，高雄市人口在1940年突破15萬人，以15.2萬人口超越臺南市的14.2萬人，成為僅次於臺北市人口次多的城市。1943年8月，為強化擁有軍事基地的岡山街及港埠的高雄市戰時機能，將原有岡山郡楠梓庄一分為二，楠梓、土庫、後勁等聚落併入高雄市內，其他部分併入燕巢庄或岡山街，此次行政區域調整，又為高雄市帶來近2,000餘人口，高雄市突破22萬人，也奠定戰後高雄市的行政區劃雛形。

　　總體來說，日治末期高雄市人口數較1924年設市時增加超過五倍，人口成長的原因部分是高雄築港後的城市發展帶來人口社會增加，但主因還是高雄市範圍不斷擴大而納入的人口。

　　1945年11月，臺灣省行政長官公署辦理接收，高雄市政府成立。1949年，隨著中央政府遷入臺灣，許多移民陸續遷入左營、岡山及鳳山等地，造成現住人口短時間內幾乎以倍數成長。以1947年12月為例，高雄市現住人口為17餘萬人，尚未達到戰前水準；1949年已達24餘萬人，超過日治末人口，完全填補日人離開後的人口空缺；1950年再成長到26餘萬。高雄市人口之所以在戰後五年間翻倍成長，來自中國各地政治移民是主要關鍵，軍眷最為集中的左營地區，人口更一躍成為當時僅次鹽埕、鼓山的區域。當時除了一般的軍眷舍外，還有如居住於左營舊城牆邊的山東長山八島移民，見證了國共戰爭中大量人群遷徙的足跡。

🎧 海光二村門牌（典藏號：KH2006.017.016）
　　海光二村是左營眾多海軍眷村之一，1965年由中華婦女反共聯合會興建，目的在緊急安置由大陸來臺的軍眷。因政府實行老舊眷村改建搬遷政策，於2000年拆除，住民搬遷至翠峰國宅。

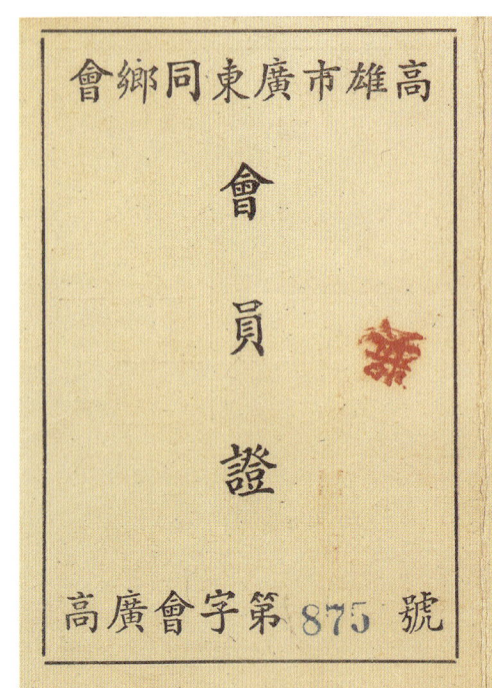

高雄市廣東同鄉會會員證

高廣會字第 875 號

中華民國　年　月　日發給

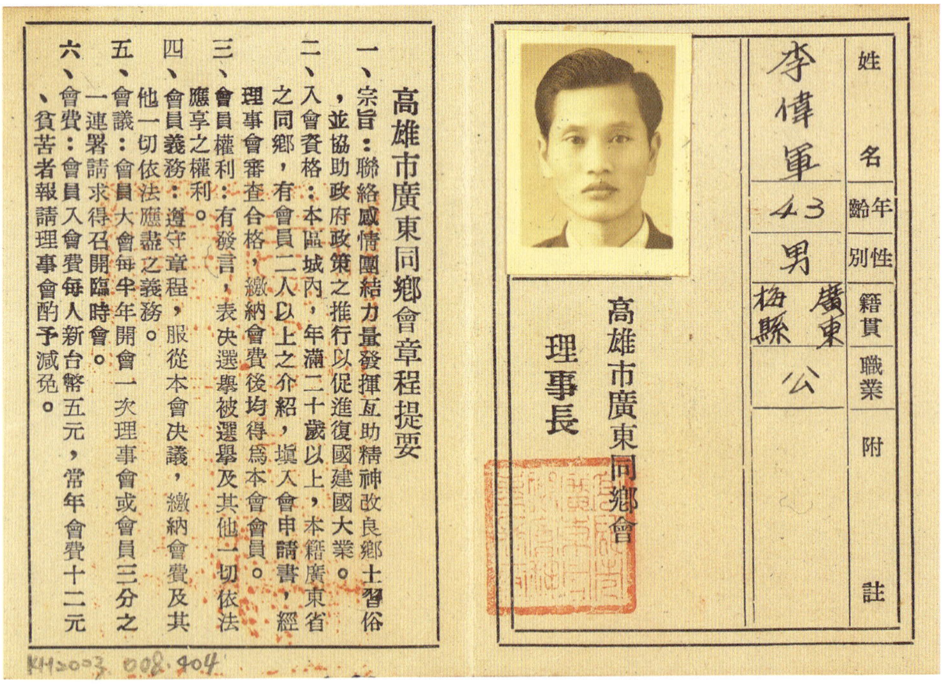

高雄市廣東同鄉會章程提要

一、宗旨：聯絡感情團結力量發揮互助精神改良鄉土習俗，並協助政府政策之推行以促進復國建國大業。
二、入會資格：本區城內，年滿二十歲以上，本籍廣東省之同鄉，有會員二人以上之介紹，填入會申請書，經理事會審查合格，繳納會費後均得為本會會員。
三、會員權利：有發言，表決選舉被選舉及其他一切依法應享之權利。
四、會員義務：遵守章程，服從本會決議，繳納會費及其他一切依法應盡之義務。
五、會議：會員大會每半年開會一次理事會或會員一連署請求得召開臨時會。
六、會費：會員入會費每人新台幣五元，常年會費十二元，貧苦者報請理事會酌予減免。

姓名　李偉軍
年齡　43
性別　男
籍貫　廣東梅縣
職業　公
附註

高雄市廣東同鄉會理事長

○ 高雄市廣東同鄉會會員證（典藏號：KH2003.008.404）
　高雄市廣東同鄉會於1958年登記設立，高雄市如此類似來自中國大陸各省的「外省」同鄉會，至少超過30個，這些1950年代前後隨中央政府來臺的中國大陸民眾，為高雄增添不少中國各省的特色文化。

另一方面，隨著高雄工業極速發展、加工出口區設立，進一步吸納鄰近區域的剩餘人力進到高雄市區尋求工作機會及生活。也帶動人口數連年攀升，1960年底高雄市人口為49萬餘人，此後每年人口均以20%以上的速度成長，其中位於加工出口區、臨海工業區周邊的小港、前鎮，以及三民區成長最速。1975年時，高雄市人口達到99萬餘人。

1976年1月，高雄市人口突破百萬，使得高雄符合地方制度法中的院轄市升格規定，1978年11月9日，行政院核定通過將小港鄉納入，高雄市升格院轄市，並在隔年7月1日，高雄市正式升格。在高雄市升格之前，高雄市範圍相較戰後初期並未有所改變，但人口數卻一口氣增加約六倍，增加主因即在於人群遷移，包括政治因素、經濟因素，這些先來後到的高雄人，為高雄這座年輕城市帶來豐富的文化。以下，我們從典藏來談談高雄的幾個族群。

多元的高雄原住民

　　熟知高雄的讀者一定知道，高雄昔稱「打狗」。打狗這個名稱來源有很多種說法。其中之一是伊能嘉矩認為「打狗」名稱由來是原居住於此地的平埔族群對於「竹林」名稱。早期臺灣南部有西拉雅（Siraya）、大武壠（Taivoan）及馬卡道（Makatao）等族群，主要分布在臺南及高屏一帶，是平原早期的主人。漢人大量入墾後，擠壓到平埔族群生活空間，如大傑巔社、塔加揚里社、新港社群及打狗社群等均往東邊的屏東平原或高雄內陸丘陵地區遷移。此外，同樣歸類平埔族群的大武壠族，也至少在清乾隆年間已在六龜、杉林、甲仙等地生活。2009年8月，莫拉克颱風重創的小林部落，便是重要大武壠部落。災後，族人面臨的困境，為追尋自身文化，族人透過織品、祭儀及歌曲的追溯，進行語言、傳統古謠、漁獵、服飾等文化復振。2012年，頂荖濃、阿里關、小林等三個大武壠部落祭典，均被登錄為高雄市民俗類無形文化資產。

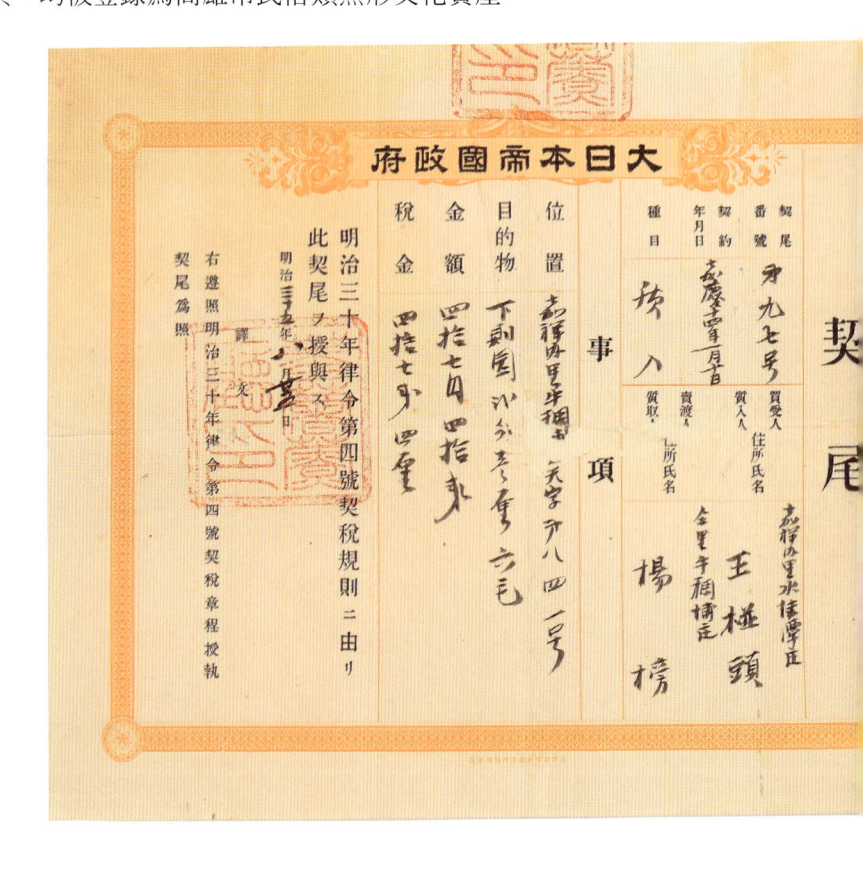

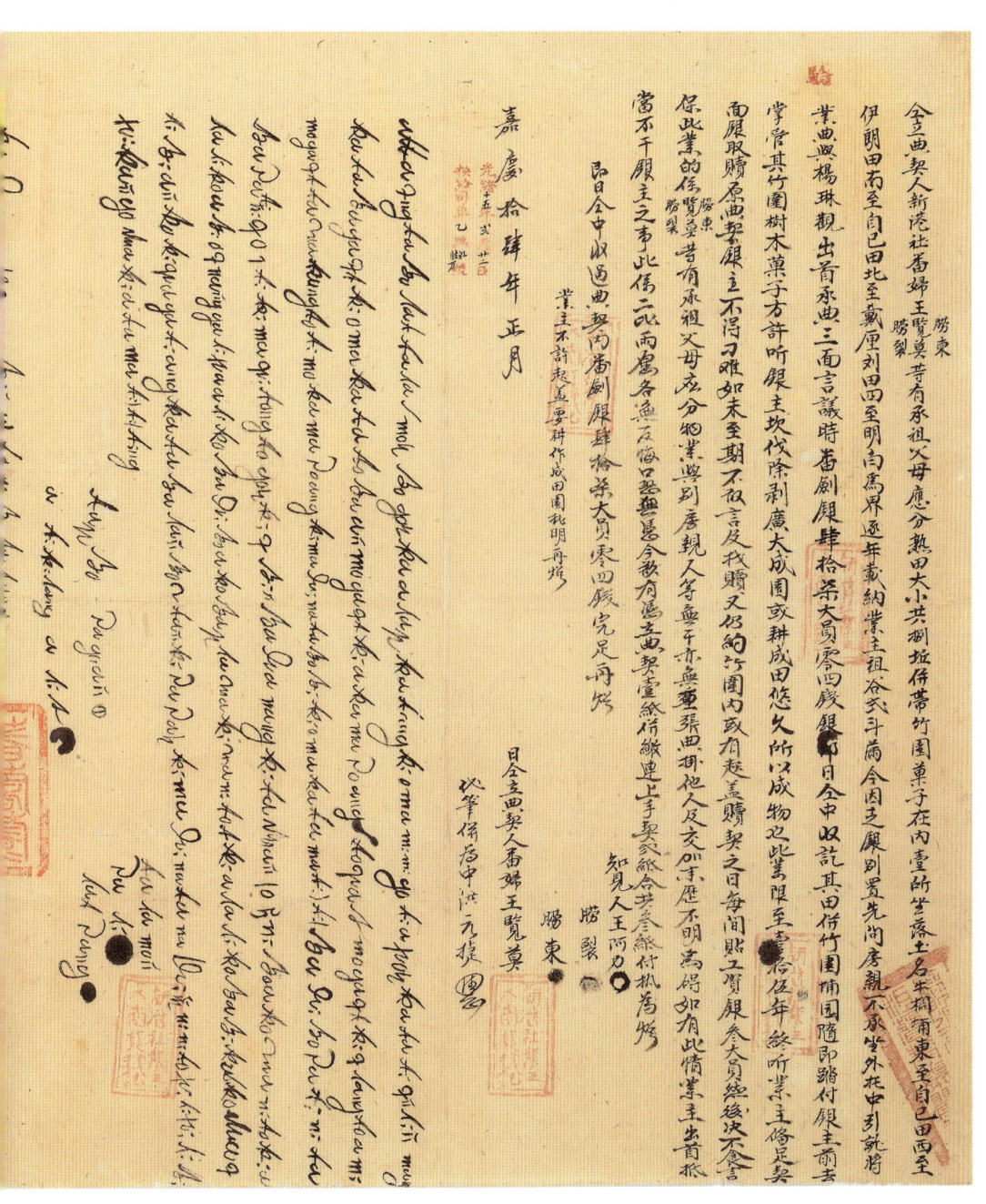

○ 清代新港社番婦王覽莫等立典契（典藏號：KH2003.010.008）
此件文物為1809年新港社原住民將田園出典給漢人的典契，契約內容有新港文與漢文對照，彌足珍貴，2009年被登錄為國家級的重要古物。其內容不僅反映新港社等平埔族群曾是活躍在高雄平原的主人，也說明清代中葉平埔族群面臨漢人拓墾時的困境。

◉ 平埔族織繡（典藏號：KH2005.014.012）
　平埔族群受到漢文化衝擊程度比高山族原住民為大，文化復振的歷程較為艱辛，找回並傳承傳統的編織技術，是許多平埔族群文化復振的重要一環。

高雄擁有茂林、那瑪夏、桃源等三個原鄉，分別居住著布農、拉阿魯哇、卡那卡那富及被歸類為魯凱族的下三社等原住民族群。其中，原本被歸類為鄒族的拉阿魯哇和卡那卡那富兩族是目前我國法定原住民族最新獨立出來的第15、16族原住民，這兩族也是高雄市特有的原住民族。

　　第15族拉阿魯哇族相當注重農耕祭儀，聖貝祭（Miatungusu）就是農耕祭儀中，祭祀貝神而衍生出的祭典，貝神也是拉阿魯哇族主要的圖騰象徵。第16族卡那卡那富族社會組織以父系為主，主要歲時祭儀為米貢祭（Mikongu），以及以家族為單位的河祭（Pasika'arai）。兩個原住民新族群人數都不多，各只有二百多人，但前述祭典都被高雄市登錄為民俗類無形文化資產。

木雕彩繪原住民圖紋獨木舟形漆煙盒（典藏號：KH2005.017.001）
此組木雕彩繪原住民圖紋獨木舟形漆煙盒為本館典藏數件彩繪雕刻煙具組中的精品，刻畫出人形紋、船眼紋、波浪形等圖騰，2011年被指定為高雄市一般古物。

🔘 木雕彩繪原住民圖紋手提式煙具盒（典藏號：KH2005.017.007）
此件木雕彩繪原住民圖紋手提式漆煙具組，其外表以黑地線雕彩繪作為裝飾，造型邊緣以三角菱紋組成連續圖案，同樣在2011年被指定為高雄市一般古物。

煞猛打拚的客家移民

　　高雄市擁有不少客家族群。分布在原高雄市區的客家人多是由桃竹苗遷移至此的北客及部分六堆南客所組成。北客來到高雄原因，係因當時築港工程及鐵道興築需要大量人力，在客家人作保的情形下，不少北客舉家遷移至南部尋求謀生機會。北客較為集中的區域為三民區，又以龍子里、寶珠溝等地最多，位於三民區的褒忠義民廟是高雄北客的信仰中心。

　　2010年高雄縣市合併後，原高雄縣境內南客分布區域也進入高雄市範圍。南客主要分布在美濃全區；杉林區的新庄、上平、月眉；六龜區的新威、新興及新寮等地，屬六堆的右堆地區。美濃一帶客家族群遷移開墾歷程甚早，最早可追溯至清治初期，至今仍保留有豐富的客家文化，如傳統的紙扇、藍衫等，都是具有代表性的客家文化傳統。

　　此外，日治時期高雄淺山一帶丘陵地因盛產樟腦，引入不少北客來此協助採集樟腦。在本館典藏的梱源商店文書中，可見到該商店不僅進行蕃物產交易，亦有引進北客移民進入南部山區進行探樟作業的紀錄。另1909年愛久澤直哉（1866-1940）以三五公司成立的南隆農場，收購今日美濃金瓜寮、中壇、龍肚、吉洋及旗山手巾寮一帶土地。因需要大量佃農開墾，許多北客便找了同鄉成員一同來到新天地，人數估計有上千名之多。客家族群的移住，南客的區域也增添了北客的文化。

🎧 **客家藍衫**（典藏號：KH2000.006.050）

藍衫是客家傳統服飾，講究布料結實耐用，外觀樸素，多以採集所得的植物染整成靛青布料縫製而成，以藍、黑兩色為大宗。服裝特性反映客家族群的性格。

◯ **看花繡片（典藏號：KH2005.014.008）**
本館典藏的看花繡片是北客的祭祀繡品，也常見於新娘的陪嫁品，與南客常用的「盤花」大異其趣，形成不同的客家文化。一個看花繡片完成，需要精巧繁複的刺繡工藝，是傳統客家女性重視針線女紅的表現。

🎧 美濃地區客家八音團（典藏號：KH2015.003.081）

八音是指金、石、土、革、絲、木、匏、竹等八個樂器種類，客家八音普遍運用在客家社會的生命禮俗當中，許多客家祭儀都可看到八音團。值得一提的是，客家八音是國家登錄的重要民俗無形文化資產，本市的美濃客家八音團，是被文化部指定客家八音的重要保存者，是南部唯一被指定的八音團。

來自海島上的澎湖移民

　　1977年10月9日，在現在高雄中央公園內的綜合體育場舉辦了高雄市澎湖同鄉會創會50週年運動會，該運動會由來自澎湖六鄉鎮的移民齊聚參加，並由二戰後第一屆民選高雄市長謝掙強以同鄉會會長身分親自主持該場運動會。當時除了南部的運動會外，還有不少旅居臺灣北部的澎湖人也來參加，陣容相當龐大。澎湖移民是高雄人重要的組成之一，且分布於高雄的各行各業。

　　澎湖的同鄉會運作，為旅居高雄的澎湖人提供互相聯絡及尋求幫忙的管道。同鄉會的功能還不僅只有介紹工作、辦理救濟等的工作，澎湖同鄉會還會推動相關人參選各層級的公職選舉，壯大政治勢力。前述謝掙強即為澎湖籍，1951年因澎湖同鄉會的組織動員能力，當選高雄市長。

　　澎湖受限自然環境，不少人需要向外遷徙，尋求更好的生活條件。1908年，高雄築港工程推動，需要大量勞動力，許多澎湖青壯年紛紛渡海來到高雄投入築港工程，有些人甚至落地生根，設籍高雄，尤以新興的鹽埕地區最多。新移民為求心靈慰藉，常將家鄉神祇帶來高雄。因此，鹽埕一帶自日治時期開始便有不少所謂的「澎湖廟」，今富野路上的文武聖殿，便是日治時期知名的澎湖廟，其主祀神是由馬公武聖廟分靈而來。此外，在原有大舞臺戲院旁的威靈宮，是由日治時期澎湖人發起建廟，而廟宇所在的大仁路周邊，正是澎湖人聚集的地方，這個區域多是早期來臺打工的碼頭工人、公務員或鐵路局員工。

　　除澎湖移民外，高雄還有一批來自臺南沿海地帶的移民。與其他移民到高雄人群的背景相似，新興的工作機會與鄉親的介紹，讓人遠離原鄉，湧入這個新興的城市，尋找工作機會，也為這片土地留下了不少移民的痕跡。位於鼓山區哈瑪星代天宮，原址為第一代高雄市役所，建築物因二戰空襲而遭到破壞。二戰後，旅居高雄的臺南北門人集資購買土地建廟，奉祀家鄉神祇，其中便有南鯤鯓代天府的五府千歲、蚵寮保安宮的蠔寮池府千歲及清水祖師等故鄉神祇。鼓山的海安宮、鹽埕的沙多宮等諸多寺廟，都是移民的歷史文化痕跡。

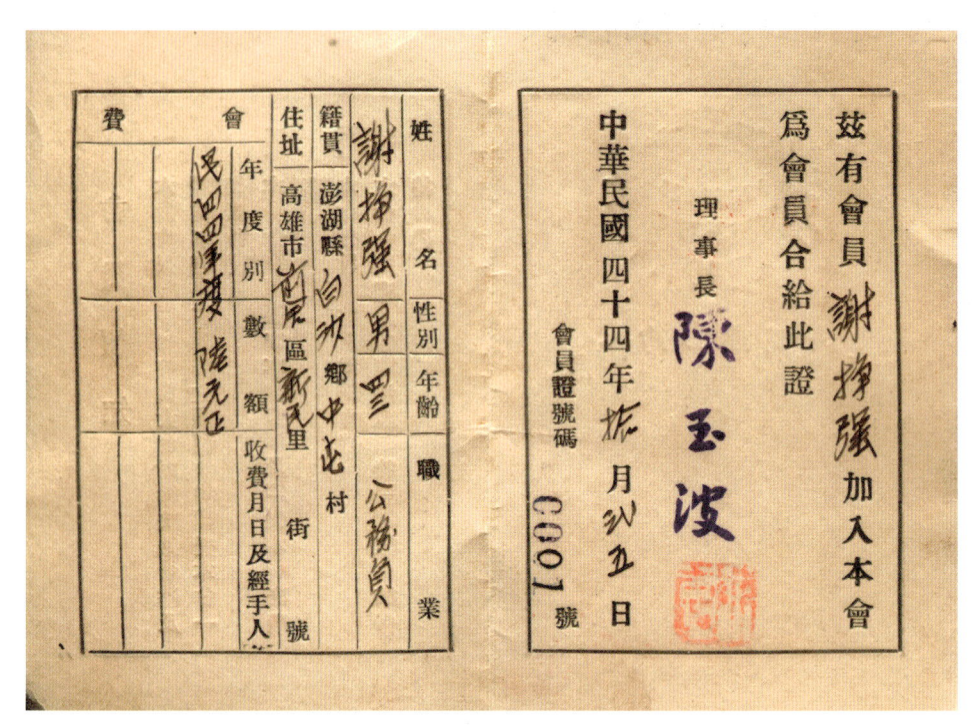

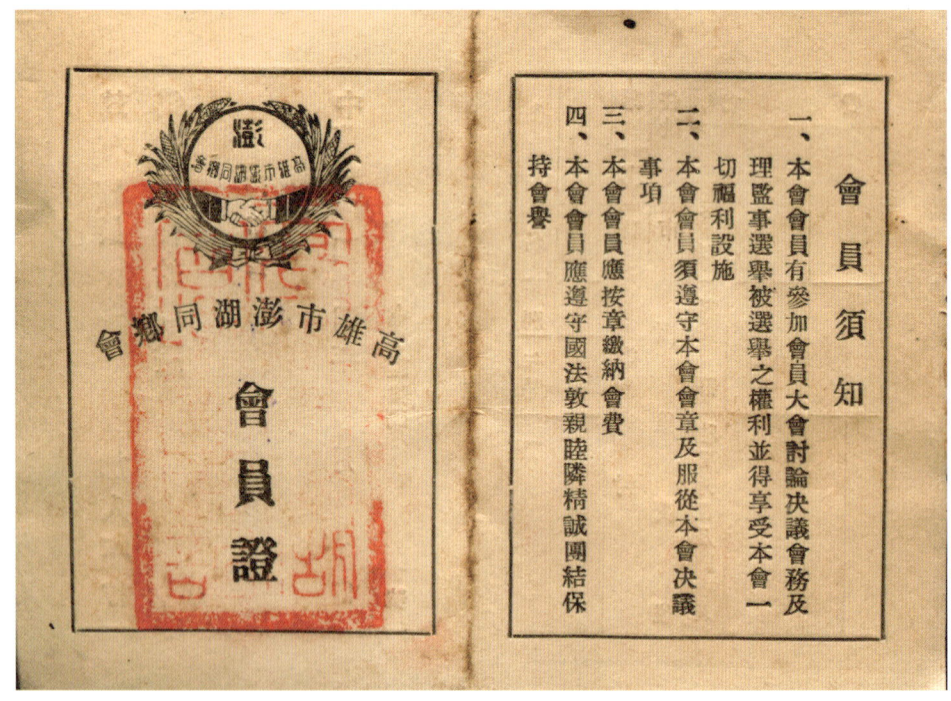

🎧 **謝掙強高雄市澎湖同鄉會會員證**（典藏號：KH2020.003.1063）

高雄市澎湖同鄉會前身是日治時期澎湖廳民會，在當時已經擁有屬於自己的同鄉會館。澎湖在高雄的移民向以團結著稱，在政壇上占有一席之地。

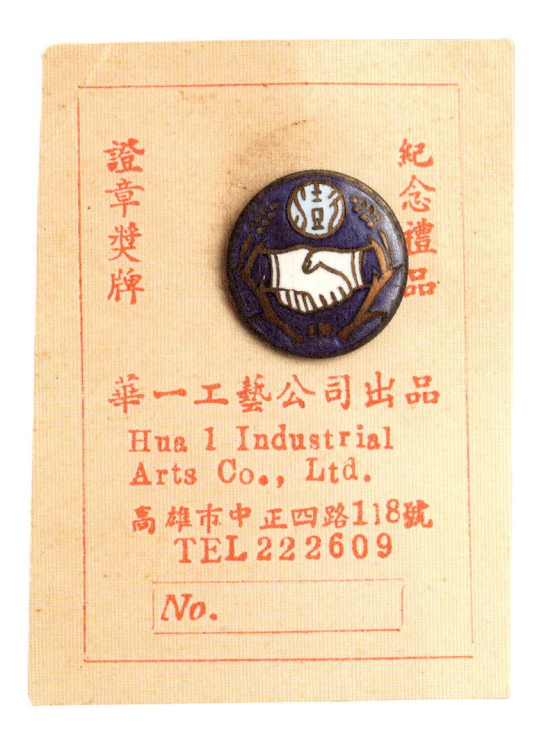

高雄市澎湖同鄉會證章。（典藏號：KH2020.003.1064）
高雄市澎湖同鄉會除有會員證外，另可見有製作證章。該證章為澎湖同鄉會之標誌，上方有代表澎湖的「澎」字，並於下方以握手圖樣象徵團結，同樣可見於澎湖同鄉會會員證中。

讓我們回到最初的問題——誰是高雄人？高雄是一座新興的城市，許多市民是逐漸遷入這片土地，在這裡落地生根、成家立業，並培育了新一代的高雄人。城市的每個角落都見證了這座移民城市的發展，許多文化與歷史在此交織。今日的高雄，正是透過一代代移民的努力逐步累積而成。在文化的交流與融合中，高雄逐漸發展出屬於自己的獨特城市底蘊。

「物」的故事：
未完待續的百年記憶

涓滴成流，終見大海。本書從3.5萬件典藏品中精選近140件文物及影像，藉此講述高雄市百年歷史。每件文物和影像都能勾勒出不同時代的常民生活縮影。透過這些文物的歷史脈絡交織，高雄過去的故事變得更加貼近日常生活，這也是我們選擇以「物件」來說故事的初衷。

　　更為珍貴的是，這些文物的收藏得益於市民和機關團體的共同努力。透過捐贈，他們將看似極為個人化的物品——如日常用品、文書日記、祖輩遺物或老照片——經典藏制度匯集到博物館之中。其中，不乏具有重要歷史意義的文物，如「洪稇源文物」中的1920年六龜庄長任命書、國語之家證書，「鳳山地政史料檔案」中的壽山公園規劃書，以及蓬萊塗漆器工藝品、繪葉書等，這些文物多是透過市民的參與與捐贈而得。

　　高史博衷心感謝每一位曾經或即將捐贈文物、影像的個人與單位。正是這些捐贈讓高雄的百年歷史得以透過「物見」的方式與大眾分享，為高雄市的百歲生日增添意義。

　　然而，文物的典藏與歷史的書寫仍在繼續，讓我們一同期待未來更多的發現與故事延續。

國家圖書館出版品預行編目(CIP)資料

典藏高雄：高雄市百年物語 / 莊建華, 莊天賜, 蔡沐恩撰文. -- 初版. -- 高雄市：行政法人高雄市立歷史博物館，2024.12
　　面；　公分

ISBN 978-626-7267-41-7（精裝）

1.CST：歷史　2.CST：蒐藏品　3.CST：文物展示　4.CST：高雄市

733.9/131.2　　　　　　　　　　　　　　　　　113017850

典藏高雄
高雄市百年物語

主　　編	李文環
撰　　文	莊建華、莊天賜、蔡沐恩
指導單位	文化部、高雄市政府文化局
出 版 者	行政法人高雄市立歷史博物館
發 行 人	李文環
行政督導	李旭騏、王舒瑩
行政企劃	莊建華、洪揚宸
地　　址	803高雄市鹽埕區中正四路272號
電　　話	07-5312560
網　　址	https://khm.org.tw/tw
編印發行	晨星出版有限公司
地　　址	407臺中市工業區30路1號
電　　話	04-23595820
傳　　真	04-23550581
網　　址	https://www.morningstar.com.tw
郵政劃撥	15060393（知己圖書股份有限公司）
法律顧問	陳思成律師
登 記 證	行政院新聞局局版台業字第2500號
出版一刷	2024年12月
定　　價	新臺幣500元
ISBN	978-626-7267-41-7
GPN	1011301689

本書出版獲「公勝保險經紀人股份有限公司」藝文贊助支持。

由小而大的「高雄」

1900 年 11 月濱線鐵路通車，現代化海陸交通開啟高雄城市發展的濫觴；隨之而來的縱貫鐵路、港灣建設，順勢將新市街從哈瑪星、鹽埕埔拓展開來。1920 年設高雄州，高雄成為臺灣五大地方政府所在地。1924 年 12 月 25 日高雄市成立，人口 4.2 萬多人、土地面積約 46 平方公里。歷經半世紀，高雄相繼引進各式工業，因而成為臺灣經濟發展重鎮。1976 年高雄市人口突破 100 萬人，1979 年改制為直轄市。2010 年高雄縣、市合併，行政轄區達 2,947 平方公里，「高雄人」也增加至 277 萬多人。回首百年來，高雄市已從臨港市街發展為工業大城、南臺灣都會區，如今更蛻變為世界宜居城市。

Kaohsiung: From Small to Big

At the beginning of the Japanese colonial period, Kaohsiung, with its strategic harbor location, was chosen as a key site for development. With the opening of the Western Trunk Line and the establishment of harbor infrastructure, the modernized city of Kaohsiung began expanding from Hamasen and Yanchengpu. On December 25, 1924, the area was renamed 'Takao City,' which had a population of 42,000 and covered an area of 46 km². In 2010, after decades of growth and expansion, Kaohsiung City merged with Kaohsiung County, expanding its jurisdiction to 2,947 km², and its population grew to 2.77 million. Over the course of one hundred years, Kaohsiung's development, which began at its harbor, expanded outward. This former fishing village transformed into one of the world's most livable cities, driven by harbor construction, industrialization, technological advancement, globalization, and tourism development.

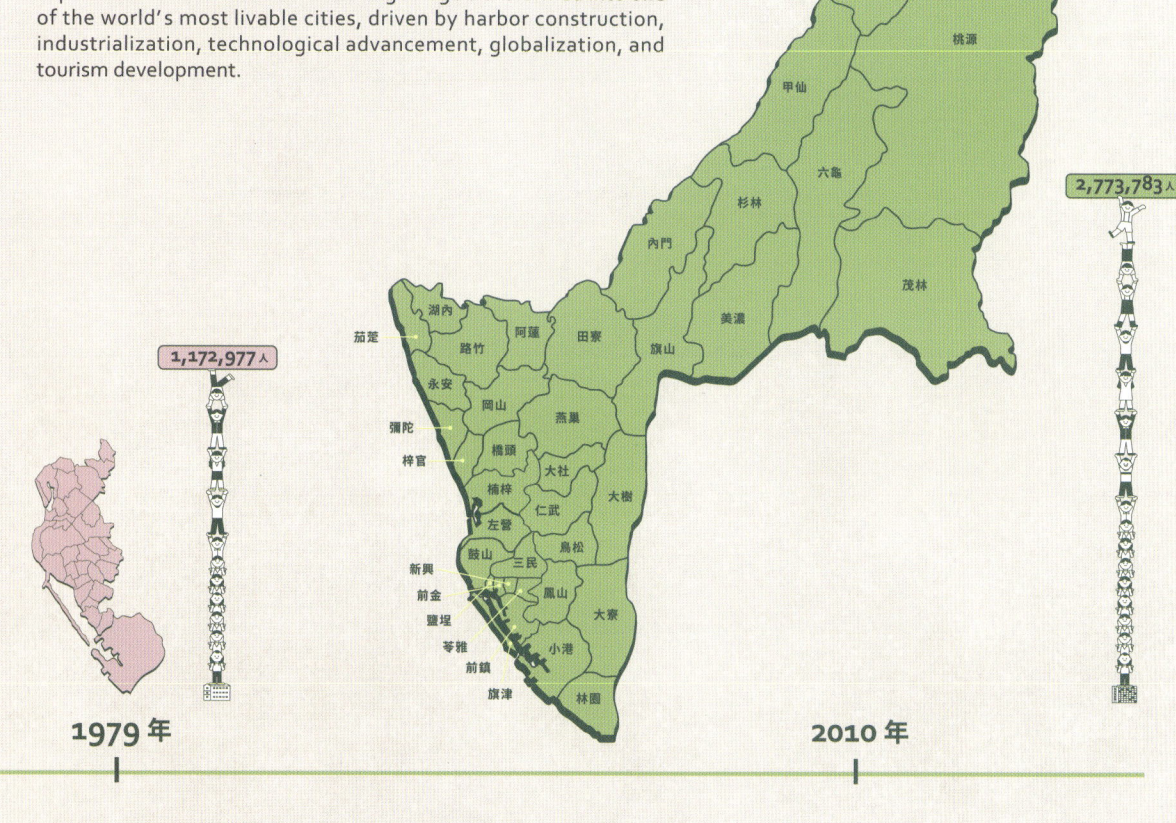

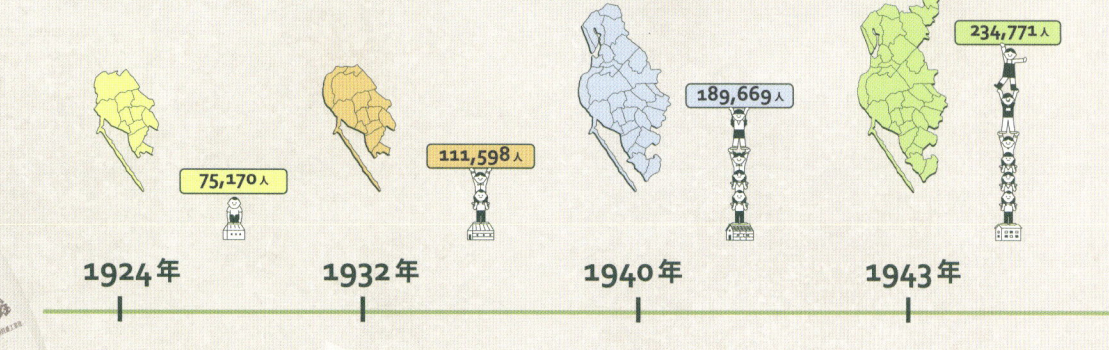

1924 年	75,170 人
1932 年	111,598 人
1940 年	189,669 人
1943 年	234,771 人
1979 年	1,172,977 人
2010 年	2,773,783 人